HISTOIRE

DE

LA CATASTROPHE

DE SAINT-DOMINGUE.

DE L'IMPRIMERIE DE RIGNOUX,
rue des Francs-Bourgeois, n° 8.

HISTOIRE

DE

LA CATASTROPHE

DE SAINT-DOMINGUE,

AVEC

La Correspondance des généraux Leclerc (beau-frère de Bonaparte), Henry-Christophe (depuis roi d'Haïti), Hardy, Vilton, etc., certifiée conforme aux originaux déposés aux archives, par le lieutenant général Rouanez jeune, secrétaire d'état,

PUBLIÉES

PAR A. J. B. BOUVET DE CRESSÉ,

Auteur du Précis des Victoires et Conquêtes des Français dans les Deux-Mondes, de l'Histoire de la Marine de tous les peuples, depuis la plus haute antiquité jusqu'à nos jours, et de celle de France, sous Louis XV et ses successeurs.

Credere quis dubitet , maduit cùm sanguine tellus,
Disjectæque rates et militis ossa loquuntur?.....
BOUVET DE CRESSÉ.

PARIS,

LIBRAIRIE DE PEYTIEUX,

GALERIE DELORME, Nᵒˢ 11 et 13.

1824.

AVERTISSEMENT

DE L'AUTEUR[1].

Nous déclarons une fois pour toutes que dans les termes génériques de *Français,* de *Colons*, d'*Européens,* souvent employés dans cet opuscule, nous n'entendons pas comprendre ceux d'entre eux qui ont marqué par des traces honorables leur passage dans l'île de Saint-Domingue.

Admirateurs sincères et désintéressés de la vertu, partout où nous la rencontrons, nous citerons avec joie et cor-

---

[1] M. J. C., orateur, historien et poëte, et l'un des écrivains les plus distingués du Nouveau-Monde.

a

dialité les faits mémorables qui ont illustré le règne des hommes blancs dans la première, la plus belle et la plus riche des Antilles. Le chapitre V sera spécialement consacré à ce noble emploi.

J...E CH......E

PRÉFACE.

Je ne suis point auteur de l'ouvrage que je publie; j'en ai seulement coordonné les diverses parties et soigné la rédaction. Cet écrit, d'un style noble et de la plus haute éloquence est dû, m'a-t-on assuré, à la plume savante d'un officier supérieur de l'armée de Henry Christophe, général de brigade au service de France, et depuis roi d'Haïti. Chaque page de cette Histoire est malheureusement empreinte du sceau de la vérité, et cette vérité encore est telle, qu'elle doit provoquer forcément et les larmes, et l'horreur et l'indignation des personnes même les plus indifférentes sur l'expédition de Saint-Domingue et ses suites funestes, résultat de calculs ténébreux et de combinaisons machiavéliques.

Inconnue en Europe, la relation qu'on va lire des atrocités commises à Saint-Domingue, sous le consulat et par ordre de Napoléon Bonaparte, est une de ces monstruosités dont heureusement la nature est avare, et que l'histoire trouve rarement l'occasion de consacrer dans ses fastes immortels.

On a dit d'Attila qu'il était le FLÉAU DE DIEU (*Flagellum Dei*); mais Attila, tout barbare et tout féroce qu'il était, se battait en brave, attaquait son ennemi en rase campagne, et se serait cru déshonoré si sa conduite, rien moins que cauteleuse, eût donné à ses contemporains le droit de l'accuser de manquer de franchise et de loyauté, tandis que le général Leclerc usa, à l'égard des Noirs, des moyens les plus vils, de l'astuce et de la duplicité les plus jésuitiques, pour faire tomber dans le piége qu'il leur tendit, et Toussaint Louverture, et une foule d'hommes recommandables par leurs talens, leur courage, leurs vertus et leur patriotisme éclairé.

Je ne conseille point aux dames de lire l'Histoire de la Catastrophe de Saint-Domingue[1] : ici toute curiosité, même natu-

---

[1] Un affranchissement prématuré avait brisé la chaîne des Noirs, et l'île de Saint-Domingue, la plus importante des Antilles, avait offert, après l'incendie du Cap-Français, l'aspect d'un repaire habité par des bêtes féroces.

Victimes d'une philanthropie peut-être mal calculée, privés des bienfaits d'une éducation qui les eût préparés au régime social, les Noirs dûrent abuser de leur liberté, parce qu'ils n'en avaient pas le sentiment véritable, parce qu'ils n'en connaissaient ni le principe, ni les li-

relle, doit cesser; leur âme serait trop
péniblement affectée; il y aurait trop de
danger pour elles à seulement parcourir
cette longue série de crimes de lèse-humanité, et moi-même, je ne la livre à
l'impression que dans des vues philan-
thropiques, et pour apprendre à nos rê-
veurs politiques qui comptent l'argent
pour tout, et pour rien le sang de leurs

mites. Toutefois, la lutte des passions, des partis, des
factions, avança dans ces hommes grossiers le développement de leur intelligence.

Sans civilisation, ils reconnurent des droits et des
devoirs; sans morale, ils se soumirent à des lois, et,
jaloux par instinct de leur indépendance, ils marchèrent
et combattirent sous des chefs par nécessité.

On fut injuste avec eux, et l'*injustice* produisit l'*indépendance*.

Quelle leçon pour ceux qui ont cru que les Nègres
n'avaient pas été créés à l'image de celui qui commande
aux puissances, « et de qui relèvent les Trônes et les
Empires!..... » *

                                    * Bossuet.

compatriotes, qu'il y a impossibilité physique de reprendre Saint-Domingue par
la force des armes, et stupidité morale à
vouloir exposer encore une fois en pure
perte des armées françaises sur ce climat
brulant.

De Bouver Cresse

Ancien chef d'imprimerie des armées navales de France,
ex-professeur de rhétorique à l'école du génie et de la
marine, membre titulaire des ancienne et nouvelle
universités, de la société d'agriculture, sciences et arts
de Provins, Seine et Marne, etc., etc.

HISTOIRE

DE LA CATASTROPHE

DE

SAINT-DOMINGUE.

~~~~~~~~~~~~~~~~~~~~~~~~~~~~~~~~~~~~~~

CHAPITRE PREMIER.

De l'origine des Nègres, et de l'unité du type primitif
de la race humaine.

Quelle que soit l'origine des Nègres,
quelle qu'ait été, de tout temps, la dispa-
rité d'opinions à l'égard de leur extrac-
tion primitive, et quelque difficile que
soit encore à expliquer, de nos jours, le
phénomène de cette couleur noire (seul
caractère distinctif qui mette entre les
blancs et eux une ligne de démarcation),
au moins demeure-t-il certain, d'après les

I

expériences anatomiques les plus répé-
tées, d'après les découvertes physiologi-
ques les mieux constatées, que l'unité du
type primitif de l'espèce humaine est empreinte sur l'intégrité du physique de
ces hommes nés sous le brûlant climat de
l'Afrique; au moins est-il attesté par les
vestiges les plus antiques de la création,
par les monumens les plus reculés de
l'homme et de son industrie, que l'existence sociale, maritime et guerrière des
Noirs date de la naissance des siècles, et
touche au berceau du monde.

L'Inde, l'Égypte et la péninsule d'Espagne conservent encore quelques restes
du glorieux passage de leurs ancêtres, et
ils peuvent même se glorifier d'apparte-
nir, par l'épiderme, plus particulièrement
que les autres hommes, à la mère du Sau-
veur, qui a dit, avec une ingénuité égale
à la candeur de son âme : «*Nigra sum, sed
formosa;* je suis noire, mais je suis belle.»

Cette souche originelle est plus con-

forme aux notions écrites, plus appro-
priée aux termes de l'Écriture Sainte, que
celle à eux attribuée par tant d'écrivains
de mauvaise foi, qui se perdent en vaines
subtilités pour établir une prétendue di-
versité primitive des races humaines.

Le désir de s'illustrer par quelques
idées neuves a suffi pour enfanter de pareils sophismes dans le cerveau de ces auteurs ; mais aux colons seuls appartenait
de placer leur propre espèce auprès de
l'orang-outan, de ravaler une portion de
leurs semblables au-dessous des bêtes de
somme, et de matérialiser l'homme, pour
légitimer et perpétuer leur affreuse tyrannie.

O vertiges de l'orgueil ! ô délire d'une
insatiable cupidité ! que ne peuvent vos
accès frénétiques sur l'esprit des humains !
C'est pourtant cette nuance plus ou moins
noire de l'épiderme qui suffit pour faire
nier chez les Nègres l'identité d'espèce.
C'est parce que Dieu a voulu signaler la

magnificence de ses œuvres et sa toute-puissance, par les diverses teintes des animaux de la même race, qu'on prétend affirmer que n'ayant pas le caractère spécifique de l'homme, ils sont condamnés, en naissant, à une réprobation universelle.

Sans avoir égard aux combinaisons de cette sagesse éternelle qui a proportionné le physique de l'homme, la couleur et la qualité de son enveloppe à l'influence du climat sous lequel il est né, au genre et au régime de vie auxquels il est destiné, on conclut hardiment que la peau noire exclut ceux qui en sont couverts du nom et des prérogatives de l'homme. On va plus loin : à l'appui de certaines abstractions politiques, à la faveur d'injurieuses exceptions, on infère que la race africaine est nécessitée à endurer sur la terre des supplices éternels. Mais comment se fait-il que des rejetons d'une nation anciennement policée, des êtres nés au centre des lumières, au sein de la civilisation européenne, aient osé proférer un tel blasphème contre la nature, et contre le père commun de tous les hommes?

Ah! sans doute, il fallait de criminels prétextes à des individus assez déhontés pour trafiquer de leurs semblables; à ceux des colons assez féroces pour en torturer l'existence. Un système d'oppression, tel que celui de l'esclavage, si froidement calculé, si constamment suivi, ne pouvait être pallié que par les idées les plus extravagantes, que par des artifices diaboliques.

Mais où nous entraîne la nature du sujet que nous traitons? quelle plaie horrible de l'humanité nous venons de découvrir! Ah! puisque nous avons eu le courage de soulever ce voile, hâtons-nous d'en déchirer les lambeaux dégoûtans! et puissent-ils ne jamais reparaître sur la surface du globe!

———

~~~~~~~~~~~~~~~~~~~~~~~~~~~~~~

CHAPITRE II.

De l'esclavage et de la prétendue infériorité morale
des Nègres.

DÉSAVOUER chez les Nègres l'unité d'espèce, poser en fait leur infériorité morale, c'était légitimer en quelque sorte le
trafic des vendeurs de chair humaine, et
constituer en principe le droit de l'esclavage.

Esclavage! Que ce mot, par lui-même,
est dur et repoussant! combien il re-
trace de souvenirs amers! que de turpi-
tudes, d'attentats il renferme, à lui seul,
contre l'espèce humaine! que de tourmens
il a causés à ses déplorables victimes, et
que de fléaux il apprête encore à ses abo-
minables auteurs! Il était sorti des flancs
de quelque rocher, ce cœur impitoyable

qui osa, le premier, concevoir ce sanglant
outrage à l'humanité; et il était bien barbare ce peuple qui, pour la première fois,
toléra dans son sein un usage aussi révol-
tant!

Quod genus hoc hominum, quæve hunc tàm barbara morem
Permittit Patria ?

Malgré le raisonnement des hommes
sages qui affirmaient en France que le
rétablissement de l'esclavage à Saint-Domingue pourrait être envisagé comme
un pas rétrograde vers l'ancien ordre de
choses, plusieurs des orateurs, gagnés
par les colons pour accréditer un avis
contraire, citaient l'exemple des peuples
grecs et latins, qui, plus libres qu'aucune
autre nation, eurent aussi leurs esclaves;
mais ils se gardèrent bien de parler et de
Spartacus, et de tant d'autres héros qui
ont, à diverses époques, démontré suffisamment combien les conséquences d'un
tel système étaient affreuses.

Quand on pèse à la balance de l'équité l'importance de cette question, on ne peut comprendre comment Montesquieu a pu glisser légèrement et folâtrer, pour ainsi dire, sur une matière si digne d'être approfondie par l'auteur de *l'Esprit des Lois*.

Outre que l'éternel Créateur, devant qui tous les mortels sont égaux, n'a pu, contradictoirement à l'esprit de justice et de bonté que suppose sa toute-puissance, créer une espèce d'hommes particulière et privilégiée, aux fins de tyranniser éternellement le reste de ses semblables, la nature indignée (ne fût-ce que par cet amour de nous-mêmes qui nous fait plaindre dans autrui les maux auxquels la bizarre fortune peut un jour nous assujétir) désavoue et condamne ce crime de lèse-humanité. Les simples données du gros bon sens suffisent pour convaincre que la liberté de l'homme et les attributs de sa nature sont inséparables de sa construction physique et de son organisation morale.

Que nous parle-t-on de maîtres, lorsque nos mains, cette puissance vengeresse ou conservatrice, mais surtout la marche certaine et distinctive de l'homme, peuvent nous délivrer du premier oppresseur qui osera se présenter? lorsque le jeu flexible de nos doigts et l'ingénieuse combinaison de leur aptitude nous rendent habiles, ainsi que le reste de notre espèce, à dompter les élémens, à bâtir des cités, à mesurer les cieux, et à régner sur les autres animaux créés?

De quelle supériorité morale prétend-on se targuer, lorque nous sentons en nous cette heureuse facilité de parler, d'arranger des idées, d'assembler des mots et de comparer les objets entre eux; lorsque, enfin, nous sommes éclairés de cet instinct merveilleux qui nous fait reconnaître notre ennemi, nous avertit de nous en défier et nous fournit le moyen d'en triompher? Ah! quand vous aurez apporté, au lieu d'indignes entraves, de zélés instituteurs, sans que nous ayons profité à leur école, nous conviendrons alors d'une infériorité réelle attachée à la couleur de notre peau; quand vous nous aurez pleinement convaincus qu'un blanc peut redevenir notre maître sans que nous cherchions aussitôt à nous en affranchir, ou que nous ne pouvons nous-mêmes d'un blanc faire notre propre esclave, nous croirons en effet que nous sommes exclusivement nés pour l'esclavage, et nous attribuerons une vertu supérieure à la blancheur de votre épiderme.

En vain par d'insidieuses hypothèses, par de captieuses subtilités, vous voulez consacrer les horreurs de la traite et l'infamie de l'esclavage, toutes ces lueurs phosphoriques s'évanouissent devant le flambeau de la vérité.

Où est ce premier pouvoir accordé à l'homme, en vertu duquel il a été fondé à établir l'esclavage sur la terre? qu'on nous le montre. Comment l'aliénation d'un bien, de sa nature inaliénable, peut-elle être admise au tribunal de la raison? qu'on nous le prouve. Dans quelle jurisprudence un marché dans lequel tout est du côté de l'acquéreur et rien pour le vendeur, peut-il avoir force de loi? qu'on nous en justifie. S'il est vrai que tout contrat d'échange ne peut recevoir de validité que par le libre consentement des parties, et par un retour d'une valeur équipollente au prix de l'objet donné, nous le demandons : où est le libre consentement de la personne vendue en Afrique? où est, pour l'esclave, le dédommagement équivalent à la nature et à la durée de ses souffrances? répondez, Puffendorff.

Cette monstrueuse prérogative de se jouer ainsi de l'espèce humaine, bien loin de dériver des principes légaux et religieux, ne provient que du droit de la

guerre, ou du droit du plus fort, ou de
l'influence du plus rusé sur le plus faible
d'esprit; mais qu'est-ce que c'est que le
droit de la guerre, si ce n'est, en dépit
de l'autorité de Grotius, le spécieux
manteau, le prétexte affreux de ces bri-
gands titrés que l'on a décorés du nom
de conquérans? qu'est-ce que le droit du
plus fort, dont je comprends de moins en
moins la signification, à mesure que je
cherche à en approfondir le vrai sens, à
moins qu'on n'entende par-là que, pour
avoir raison, il faut être le plus fort, et
qu'il suffit de réussir, pour que toutes vos
fureurs soient légitimées? A ce compte,
quels reproches peut-on faire à l'esclave
qui a terrassé celui qui s'est cru son
maître? qu'est-ce enfin que le privilége
du plus astucieux sur le moins sagace,
lorsqu'on se figure le peu que vaut le
fourbe démasqué devant l'innocent dé-
trompé? Je crois voir, à cette réflexion,
l'athlète robuste du Nouveau-Monde re-

gardant avec mépris les dernières con-
torsions du singe colon.

Quoi! et sérieusement, vous nous reprochez la barbarie qui règne dans quelques-unes de nos contrées, tandis que
vous-mêmes y avez apporté cet esprit de
discorde et de destruction si nécessaire
aux succès du commerce de la traite en
Afrique! Vous citez en faveur de votre
supériorité spécifique notre indolence
naturelle et le cercle borné de nos con-
naissances, tandis que votre affreux régime colonial ne nous a offert que supplices, terreurs, travail et indigence;
tandis que votre politique et votre propre sûreté ont constamment été intéres-
sées à ce que nous fussions éternellement plongés dans les ténèbres de l'ignorance!

Vous surtout, B.... de S....-V....., et
vos infâmes sectateurs, vous osez faire
un tableau imaginaire de l'homme noir
transporté dans les colonies, et affirmer

que vous lui avez rendu un service essen-
tiel en l'arrachant à ses contrées sauvages,
pour le faire jouir des douceurs de la
civilisation et des bienfaits de votre administration paternelle! Quelle horrible
lumière que celle qui jaillit des torches
des furies! et quelles entrailles, grand
Dieu! que celles qui n'ont jamais été
émues par les douces impulsions de la
pitié! Il vous convient bien, à vous et à
vos pareils, d'affecter le langage de l'humanité, vous qui, sur l'habitation de la
Plaa, où vous résidiez en qualité de pro-
cureur, avez ressuscité tous les genres de
supplices? Enterrer les hommes jusqu'au
cou, leur couper la langue, les oreilles
ou les jarrets, les attacher tout vivans à
des cadavres déjà putréfiés, leur fixer les
jambes aux reins jusques à ce que, pri-
vées de la circulation du sang, enflées,
paralysées, elles tombassent en pouri-
ture; tels étaient vos passe-temps les plus
doux: et vous osez, d'après cela, soutenir

que le sort des esclaves est préférable à celui des hommes de journée en Europe! eh bien! consultez le plus indigent des manouvriers européens, demandez-lui s'il échangerait sa condition avec celle de ces êtres souffrans, et vous verrez bientôt quel salaire sa juste indignation réserve à ce zèle indiscret.

Pour bien juger des individus, il faut se mettre à leur place, et alors on s'apercevra qu'il est de la nature humaine d'aimer mieux pourvoir à ses besoins, aux risques de tous les dangers, que de végéter sans cesse dans une cruelle dépendance. Mais si ce sentiment, inné chez tous les hommes, agit sur le cœur de ceux qui ne sont point immédiatement placés sous la verge de l'esclavage, quelles profondes impressions il doit faire dans l'âme de ceux auxquels on a ravi le plus précieux de tous les biens, la liberté! Interrogez les malheureux que vous avez voués aux tourmens de l'enfer; voici ce qu'ils répondent par mon organe : «De quels bienfaits voulez-vous nous parler? quelle reconnaissance vous devons-nous? ou plutôt, quels reproches mérités n'avons-nous pas à vous faire? Le sol de notre patrie était-il las de nous porter? l'eau de nos rivières s'était-elle tarie dans la source? nos champs ne suffisaient-ils plus pour nous nourrir? A la vérité nous ne connaissions pas encore ces boissons enivrantes dont la force entraîne à des fureurs brutales; l'usage du chapeau, des vêtemens et des souliers nous était étranger; mais si la liqueur limpide de nos fontaines flattait alors agréablement nos palais; si nos crânes endurcis par les rayons du soleil savaient braver les ardeurs de la zone torride; si la plante de nos pieds, durcie et renforcée par des sables brûlans, nous offrait un préservatif égal à l'épaisseur de la semelle du soulier; si cette peau, que vous nous reprochez tant, était précisément celle qui convînt le mieux aux intempéries de l'air, à l'inclémence des saisons, à l'influence du climat, et aux vicissitudes de notre atmosphère; si enfin l'état de simple nature et d'innocence, dont vous nous avez tirés pour nous faire ramper sous un code de lois monstrueuses, était vraiment de toutes les conditions humaines la moins tourmentée, la plus exempte d'inquiétudes et de responsabilité personnelle, pourquoi nous en avoir privés? Qu'avions-nous donc besoin d'avoir, comme vous, des *besoins?* que ne nous laissiez-vous errans dans nos tristes forêts, en proie à notre *crasse* ignorance? ne connaissant pas les trésors que vous nous vantez, nous ne pourrions ni les regretter, ni les désirer. Là, du moins, dans le calme des sens, dans le repos de l'âme et de l'esprit, nous jouirions encore du sourire naïf de nos enfans, des doux épanchemens de nos amis, des embrassemens d'une tendre mère, ou des caresses d'un père chéri, biens précieux, vrais présens accordés par le ciel à l'humaine nature, que votre cruelle adresse nous a ravis tout à la fois!

C'est vous, tyrans de l'innocence, qui avez accoutumé nos gosiers à ces poisons fermentés, sources des querelles et des dissensions qui ravagent notre pays; c'est vous, dont l'ingénieuse cupidité nous inocula des vices pour les tourner à notre perte et à votre profit; dont l'industrieuse avidité nous a créé des besoins factices pour nous rendre votre intervention nécessaire; dont la barbare avarice nous a inculqué l'horrible soif de l'intérêt, pour compromettre notre liberté individuelle, et dont la profonde politique a réussi a rétrécir le cercle de notre aptitude naturelle, à resserrer notre sphère d'activité pour mieux consolider l'esclavage! De cet échange inhumain des droits et de la propriété de l'homme contre la main de fer du malheur, ne pouvaient naître que des résultats épouvantables, et l'excès de ces crimes préparait dans la nuit du silence les élémens d'une effrayante explosion.

Ces argumens, puisés dans la nature, suffisent pour confondre le charlatanisme des colons. Qui ne voit pas, en effet, qu'après avoir épuisé tous les moyens de séduction et d'abrutissement pour dépeupler l'Afrique, après avoir mis en œuvre toutes les mesures de cruauté nécessaires à leur propre sûreté, durant le cours dangereux de notre exportation, il fallait faire de nous de vrais esclaves, c'est-à-dire éteindre notre faculté intellectuelle? Et ils osent s'étonner, d'après cette tactique infernale, de ce que très-peu d'entre nous se soient élevés aux sublimes conceptions de l'esprit humain! Avouez plutôt, hommes de mauvaise foi, qu'il est difficile de concevoir comment quelques-unes de ces créatures, condamnées par votre avidité à croupir dans l'opprobre et dans l'ignorance, ont pu, de temps en temps, jeter quelques étincelles de

génie et d'érudition. Que dis-je? si vous
considérez que les précieux dons du génie
sont des plantes libérales qui ne croissent
que dans les champs silencieux de la mé-
ditation, ce qui suppose le repos de l'âme
et un état de nature heureusement com-
biné, vous conviendrez qu'il fallait qu'il
existât dans nos âmes une vertu native,
une force innée, au-dessus de la compré-
hension humaine, pour nous être tout à
coup élancés du sein du néant, des ténèbres de la barbarie, à l'auguste état de
liberté et d'indépendance dont chaque
jour accroît la splendeur.

Vous avez beau étendre une gaze ma-
gique sur les horreurs du système colonial, par respect pour ceux de vos compatriotes que vous avez déshonorés, je
ne veux pas ici énumérer les forfaits qui
fourmilleront un jour dans les annales
de l'Afrique et du Nouveau-Monde; mais
nous le dirons sans crainte d'être dé-
mentis par les hommes de bonne foi (et

nous prenons à témoin le ciel et la nature, la nature cette mère commune des êtres), la misère, la douleur, un travail forcé, l'affreux désespoir, voilà quel a été constamment notre partage!

Dégradés au-dessous des animaux domestiques, à moitié couverts de quelques misérables haillons, dévorés par la faim, incessamment courbés sous le fouet toujours agité d'un commandeur impitoyable, nous n'arrosions la terre de nos sueurs et de notre sang qu'afin que votre orgueilleuse sensualité les savourât, goutte à goutte, avec les délicieuses liqueurs qui en étaient le résultat.

Serait-on surpris, d'après cet exposé, hélas! trop véridique, que des êtres gémissant sous le plus dur des despotismes, chérissent l'indolence, soupirent après le sommeil et le repos, véritables images de la mort qu'ils invoquent? eux qui ne voient autour de leur existence que fatigues et indigence!

Quel est donc ce droit affreux de ca-
lomnier, de flétrir une race humaine,
d'abord pour justifier l'infâme commerce
qu'on en fait, ensuite pour légitimer
l'horreur de son asservissement, enfin
pour prouver systématiquement que l'on
a raison d'en agir ainsi, en soutenant que
l'état auquel elle est assujétie est celui
pour lequel la divine Providence l'a ex-
pressément formée? Jusqu'à ce qu'on ait
persuadé qu'il respire ici bas un individu
destiné, en naissant, à servir de victime
à ses semblables, et de proie aux calculs
d'un sordide intérêt, on nous permettra
de ranger ces sophismes au nombre des
outrages faits à l'humanité et à son sublime créateur; on nous approuvera
même d'assimiler de pareils argumenta-
teurs à ces comètes effrayantes qui ne
paraissent jamais que pour troubler le
repos des humains.

La seule assertion de nos ennemis,
qui semble assise sur quelques fonde-

mens, « c'est qu'aucune région parcourue ou habitée par nous n'a encore offert ces degrés de civilisation et de perfection que l'on remarque chez les vieilles nations de l'Europe. » Cet argument, qui paraît solide au premier coup d'œil, est aussi faux qu'injuste dans les conséquences qu'on en déduit, et tourne à notre avantage du moment qu'il éprouve de justes développemens; car on peut d'abord objecter à ces raisonneurs que ce n'est pas à ceux auxquels on a lié bras et jambes, que l'on doit demander de l'aplomb et des chefs-d'œuvre, et qu'on ne peut raisonnablement exiger d'un homme sur les yeux duquel on a posé un épais bandeau, qu'il fournisse avec justesse et précision une carrière hérissée de difficultés, sans jamais s'écarter de la ligne directe : on découvre aussitôt la mauvaise foi des colons et de leurs partisans. Mais poursuivons, et disons-leur : S'il est vrai qu'aucun pays, ou établi ou

habité par nous, ne peut soutenir la
comparaison avec les états de l'ancien
monde, au moins serez-vous forcés de
convenir que nos qualités originelles ont
plus d'une fois fait honte aux vieilles
nations civilisées. L'humanité, cet instinct primitif; l'hospitalité, cette vertu
attrayante dont l'origine date sans doute
de l'enfance du monde, ont toujours ca-
ractérisé nos peuplades naissantes. Ces
généreux germes, que le souffle du créateur a semés dans nos âmes, prouvent
que nous sommes nés, ainsi que tous
les autres hommes, avec les dispositions
requises pour nous perfectionner.

De ce que des effets, dont les uns,
pouvant s'appliquer à l'influence du climat ou à toute autre cause naturelle,
sont à la portée de l'intelligence humaine, et les autres se rapportent uni-
quement aux vues impénétrables de la
Providence, ont entravé, suspendu ou
reculé le développement et l'extension

possibles de nos facultés morales, s'en-
suit-il que les matériaux nécessaires à la
perfection de notre être aient manqué
à sa création? L'idée d'un Dieu juste,
vengeur et rémunérateur décide contre
cette opinion. Quoi! le diamant, parce
qu'il n'a pas encore passé par les mains
d'un habile lapidaire, cesse-t-il pour
cela d'être une pierre précieuse? et de
tant de globes qui roulent sur nos têtes,
si l'un se meut avec plus de lenteur et
moins d'éclat que les autres, peut-on en
conclure qu'il doit être méprisé ou sup-
primé? Non : du moment que le grand
ouvrier a jugé son action nécessaire à
l'harmonieuse combinaison de tout, nous
devons, nous mortels, fléchir le genou,
admirer et nous taire.

Qui osera affirmer qu'un événement
dans le rang des choses possibles, ne
peut ni ne doit arriver, par la seule raison qu'il n'a pas encore eu lieu? Ce ne
sera pas sans doute l'être réfléchissant,

qui convient que, pour assurer la célé-
brité d'un pays, d'un gouvernement,
d'un individu même, il faut supposer
non-seulement une énergie supérieure
à ses habitans, une grande masse de lumières aux têtes gouvernantes, et des
talens particuliers à cet individu; mais
qu'il faut encore admettre qu'un concours favorable de choses et de circonstances soit venu au secours des uns et
des autres. Celui-là, au contraire, sou-
tiendra que dans la foule des générations
qui se sont succédées, s'est perdue l'excel-
lence d'une infinité d'hommes, qui, au
lieu de mourir obscurs et ignorés, auraient égalé ou surpassé, peut-être, la
gloire des plus grands capitaines, des
plus célèbres écrivains, si le sort, la
naissance et l'érudition eussent secondé
en eux les faveurs de la nature. Or si
cette divine impulsion, ce faisceau de la
lumière, ce concours fortuit de choses et
de circonstances ne se sont pas encore

réunis en notre faveur, comment est-il sensé d'en conclure que notre race et sa postérité en sont pour toujours exclues? n'est-ce pas nier effrontément, à la face des divers peuples qu'il éclaire et nourrit, que le soleil, ce bienfaiteur commun, ne luit pas également pour tous?

C'est en vain que d'orgueilleux charlatans s'ingénient à dénigrer une portion de leur espèce; ce Dieu qu'ils outragent en nous, ce Dieu qui nous a placés sur la terre pour des fins que seul il connaît, et dont la vaste intelligence n'a rien fait d'inutile, nous a suffisamment pourvus de tout ce qui est nécessaire pour nous conserver, nous diriger, et même triompher de nos ennemis. D'où proviendrait donc cette mâle résolution qui a tout-à-coup changé les destinées de ce pays? Qui avait autrefois inspiré aux valeureux Arabes, suggéré aux Maures industrieux, la pensée de s'illustrer dans l'Inde, le hardi projet d'envahir l'Espagne, le talent de la retenir si long-temps sous leur brillante domination, le rare mérite enfin d'y faire fleurir, tout à la fois, la guerre, la courtoisie, l'architecture, les beaux-arts, les sciences abstraites, les lois, le commerce et la navigation ?

Cessez donc de chercher à ravaler une caste qui a prouvé à vos aïeux que les talens et la bravoure sont indépendans des temps, des lieux et de la couleur du visage; d'une caste qui vous a plus d'une fois retracé l'image séduisante des aimables vertus des Abencérages, et qui, encore aujourd'hui, à l'exemple du fameux Othello, au lieu de parchemins insignifians peut compter de nobles cicatrices.

L'avenir dans ses flancs ténébreux porte seul la solution du problème que votre égoïsme a établi. Ne vous y trompez pas; au train dont vont les choses de l'antique Europe, tout y avance d'un côté, et tout rétrograde de l'autre, sans que l'on puisse prévoir quel sera le terme de cet esprit de désordre physique et moral. Il est peut-être possible que le moment arrive où, pour retrouver encore quelques traces de la civilisation européenne et de l'urbanité française, il faudra les aller chercher au Nouveau-Monde, sous les dix-deuf degrés de latitude nord, c'est-à-dire précisément aux lieux naguère le théâtre des forfaits politiques connus des seuls anciens peuples. Il est possible que les descendans de vos premiers maîtres, en plus d'un genre, vous donnent des leçons de ce que peut une énergie vierge, jointe au mérite de l'expérience et de l'instruction. Je ne sais de quel côté sortira la lumière, mais un vaste champ s'est offert à mon imagination. Si jamais nous avons nos peintres, nos poëtes, nos sculpteurs et nos historiens, que nos monumens seront déshonorans pour vous, si vos crimes y sont fidèlement retracés ! Au tableau de vos vices, au récit de vos atrocités, justement révoltée, la postérité s'é-

criera : Eux seuls étaient les barbares!
eux seuls étaient de vrais esclaves ! *Albi
quidem pelle, corde autem et animo ni-
gri;* blancs, à la vérité, de peau, mais
noirs de cœur et d'esprit.

Toutefois, pour confirmer cette opinion qui est loin d'être erronée, et offrir
un juste moyen de comparaison entre les
parties, nous pensons qu'il convient d'entrer dans quelques détails historiques,
détails malheureusement trop vrais et
trop connus, hélas! de milliers d'hommes
qui vivent encore, et que le sol américain
n'a pas entièrement dévorés.

———

CHAPITRE III.

Esquisse historique. Expédition des Français, aux ordres de Leclerc, beau-frère de Bonaparte, contre Saint-Domingue. Leur arrivée. Quelles en sont les suites.

Avant que de crayonner le récit de nos malheurs, qu'il nous soit permis d'effleurer rapidement notre véritable situation politique et morale, nos principes, notre conduite avant la naissance de notre révolution, durant son cours, et depuis cette époque, jusques au dénoûment terrible qu'a nécessité une trop funeste expédition : heureux si ces matériaux, rassemblés à la hâte, peuvent être employés par une main habile à la construction de notre édifice historique!

Jamais peuple ne s'était montré plus soumis, plus docile, plus fidèle, que celui de ce pays; l'histoire ne peut citer au-

cune nation sous le joug qui ait donné
des preuves plus frappantes de sa modération, de sa patience et de sa résignation
à la fatalité de son étoile. Condamnés,
depuis trois siècles, au mépris, aux supplices, en un mot à l'esclavage, nous pra-
tiquions dans les fers les vertus que n'ont
pas toujours les peuples libres. Le colon
couvert d'or, le riche pacotilleur, dor-
maient ou circulaient impunément au milieu des quinze cent mille hommes qui
n'aspiraient qu'au bonheur de leur plaire,
de les secourir dans leurs accidens, de
les remettre dans la route qu'ils avaient
perdue, ou de faire prospérer leurs intérêts. A peine deux ou trois crimes ont
pu nous être imputés pendant cette longue série d'infortunes, et plus d'une fois
nos humbles chaumières avaient été le
sanctuaire de l'hospitalité, le refuge des
malheureux blancs poursuivis ou inquié-
tés. Telle était même l'apathie dans laquelle nous croupissions, que nos yeux

s'étaient, en quelque sorte, habitués à ne point s'élever au-dessus de notre misérable condition.

Une révolution soudaine s'est opérée en France, et la commotion s'en est fait ressentir jusqu'ici. Quoique ces mots imposans « la France est régénérée ! la France est libre! » eussent retenti à nos oreilles; quoique nous fussions singulièrement intéressés à l'amélioration de notre sort, nous attendions dans un humble silence que la justice des hommes fît rejaillir directement sur nous une parcelle de ce bienfait : une circonstance imprévue vint nous décider. La connaissance des décrets rendus en notre faveur nous était parvenue, et nous vîmes avec une douleur égale à l'excès de nos maux, que la majorité des grands planteurs s'opposât à ce qu'on les mît ici en vigueur. Bientôt un des nôtres, Ogé, arrive de France pour en réclamer l'exécution; mais, soit qu'il eût éte déjà séduit par de perfides

conseils, ou soit qu'il portât dans son
cœur l'affreux projet de séparer sa cause
de celle de sa souche primitive, il ne vou-
lut appeler autour de lui que des hommes
libres, et il échoua dans son entreprise,
digne châtiment d'une fausse mesure,
qui ne peut être expliquée que par son
orgueilleux égoïsme ou par la politique
raffinée de ceux qui le faisaient mouvoir.
En vain le judicieux, l'intrépide Cha-
vanne lui représenta le sort qui l'attendait s'il persistait dans sa folle résolution;
rien ne put l'en garantir, et sa ruine en-
traîna celle d'une infinité de malheureux,
qui, comme lui, ont péri sur l'échafaud.
Mais cet échafaud est devenu un autel, et
l'auguste liberté devait un jour s'associer,
et bientôt fixer auprès d'elle sa fille ché-
rie, l'indépendance. Les pères, révoltés
de voir leurs enfans égorgés avec le glaive
des lois, ou sabrés et assommés dans les
rues, ainsi que cela se pratiquait au Cap
à l'égard des chiens enragés, résolurent

de venger ces outrages, et de secourir leurs fils, tout ingrats qu'ils étaient. Dès lors, l'hydre de l'esclavage reçut les premières blessures, et cette impulsion électrique se communiqua d'un bout de l'île à l'autre.

Au travers des différentes chances de la guerre, plusieurs traités de paix, accords ou concordats, eurent lieu, et partout les hommes blancs furent les premiers à les violer. Cette infraction de la foi des traités, jointe à l'inexécution ou à la fausse interprétation des lois de la métropole, suscita de toutes parts de nouvelles hostilités plus cruelles encore que les premières.

Telle était la face des choses lorsque trois envoyés de France, Romue, Mirbeck et Saint-Léger débarquèrent à Saint-Domingue; mais ils furent bientôt convaincus de l'astuce des colons, de la scélératesse des corps populaires, par conséquent de l'impossibilité de réussir dans leur honorable mission, et, après bien des efforts inutiles, abreuvés de disgrâces et saturés de dégoûts, ils furent contraints de retourner auprès de leur gouvernement, abandonnant les colons à leur malheureux entêtement.

Cependant le fléau de la guerre, étendant rapidement ses ravages, dévorait la plus riche des Antilles. Sur ces entrefaites parurent les commissaires civils Polverel, Ailhaud et Santhonax, qui s'apercevant, dès leur arrivée, des germes naissans de la rébellion, entreprirent, avec les forces sous leurs ordres, de faire respecter l'autorité nationale, et de mettre les colons à la raison; mais, malgré le génie et la profonde érudition de ces trois mandataires, ils étaient loin de se faire une juste idée de l'ennemi qu'ils avaient à combattre, de ses ruses, de ses moyens et de sa criminelle audace. Quelque grand caractère qu'ils aient déployé, ils se virent forcés, pour conserver l'île à la France, de proclamer la liberté générale. Aussitôt les machines préparées par les colons sont mises en activité; leurs Argus, répandus au dehors, appuient leurs pressantes sollicitations, et bientôt une grande partie de l'île est livrée aux puissances étrangères.

Qu'ont fait alors les enfans de la liberté? fidèles envers la mère-patrie, insensibles aux menaces, sourds aux propositions, inaccessibles à la séduction, réunis autour du drapeau national, ils ont bravé la misère, la famine, les privations de tout genre, et ont triomphé de leurs nombreux ennemis.

Déjà, sous le gouverneur général, Toussaint-Louverture, on jouissait du fruit d'une révolution sans exemple, d'un succès miraculeux de la part d'un peuple à peine émancipé, réduit à ses propres ressources, et privé de toute communication avec la métropole. Le premier usage que ce chef avait fait de sa puissance avait été

de protéger, de favoriser la classe blan-
che. Ses sollicitations, ses préférences
même envers ceux de cet épiderme,
avaient été poussées à un tel point, qu'on
le blâmait hautement d'avoir pour eux
plus d'affection et de prédilection que
pour les siens. Ce reproche, que l'on a pu
appliquer à plusieurs de nos chefs, prouve
que nous savons oublier les injures, traiter généreusement nos ennemis; et c'est
ici le cas de faire observer que jamais les
hommes blancs n'ont été mieux considérés par nous, ni plus efficacement proté-
gés que lorsque la totalité des pouvoirs
résidait en nos mains, quoique leur esprit
inquiet et turbulent eût plus d'une fois
provoqué sur eux de justes châtimens. Si
nous ne leur eussions porté qu'une haine
aveugle, et si nous n'eussions été susceptibles d'aucun sentiment de générosité, il
est évident que nous n'aurions pas manqué de sévir contre eux aux diverses époques où nous étions les maîtres de leurs

destinées, au lieu que les dates des principaux événemens de notre histoire attes-
tent que les plus fortes crises sont nées
de l'abus qu'ont fait les hommes blancs
de la supériorité que la possession exclu-
sive des moyens militaires leur donnait
alors sur nous.

Sous le gouvernement, dis-je, de Toussaint-Louverture, ce pays renaissait de ses
cendres, et tout semblait lui présager un
heureux avenir; l'arrivée du général Hédouville vint changer la scène et porter
un coup mortel à la tranquillité publique.
Hédouville apportait avec lui l'ordre d'arrestation d'André Rigaud; il l'exhiba au
gouverneur général, le priant de lui faciliter les moyens de mettre ce mandat à
exécution. «Arrêter Rigaud! s'écria le vertueux Toussaint, autant vaut m'arrêter
moi-même! Vous ne savez donc pas qu'il
est un des zélés défenseurs de la cause
pour laquelle nous combattons, et que je
le regarde comme mon digne fils?» A ces

mots, l'habile négociateur, reconnaissant sa faute, s'efforce de la réparer. Bientôt il approuve les sentimens du gouverneur général, le prie de garder le secret, déplore le sort du gouvernement français, si souvent trompé, en raison de l'éloignement, sur le compte des officiers de ce pays, et finit par témoigner une extrême curiosité de voir et d'entendre Rigaud. Aussitôt le gouverneur général en écrivit à ce dernier, qui, après s'être fait donner la parole d'honneur de ce chef, que rien de fâcheux ne lui arriverait dans le Nord, et que rien ne pouvait s'opposer à son retour dans le Sud, se décida à faire le voyage, et se rendit au Cap.

Toussaint l'accueillit paternellement, poussa la délicatesse jusqu'à cacher à sa sensibilité le mandat d'arrêt qui existait contre lui, et l'invita à se rendre auprès de l'agent Hédouville. Cette entrevue eut lieu, et ce fut la pomme de discorde qui alluma la première guerre civile. Hédouville, après avoir beaucoup flatté Rigaud, l'avoir comblé de caresses, ne lui dissimula pas que le gouvernement français, abusé par de faux rapports, ne lui avait pas rendu toute la justice qu'il méritait, mais lui protesta que, d'après les nouveaux renseignemens qu'il allait adresser, il ne doutait pas que la France n'ouvrît les yeux, et ne lui donnât des preuves de sa haute considération. Ensuite il gémit sur les maux que ce pays avait soufferts, et conclut par insinuer que le moyen le plus assuré d'y mettre un terme, et de s'approprier le commandement en chef, était de seconder l'agent de la France dans ses secrètes instructions, tendantes à retirer le pouvoir suprême des mains du gouverneur général : le résultat de ce funeste entretien fut qu'ils y travailleraient tous deux de concert.

Ce qu'il y a de remarquable dans cette circonstance, c'est que Toussaint - Louverture, quoique invisible pour les deux interlocuteurs, s'était tenu à portée de tout entendre, et qu'il n'avait perdu aucun mot de la conversation. Cependant, à l'issue de la séance, il continua les mêmes égards envers Rigaud, pensant que celui-ci, par des aveux qu'auraient dicté le remords, pourrait encore regagner son estime; mais cette effusion de cœur fut en vain attendue, et le gouverneur général, trop esclave de sa parole, laissa Rigaud retourner dans le Sud, où cet officier débuta par crier aux armes, en prétextant que le projet de Toussaint était de trahir la république et de vendre ses concitoyens. *Indè iræ.*

Ainsi commencèrent ces divisions intestines, alimentées d'une part par l'ambition démesurée de l'insensé Rigaud, et suscitées de l'autre par la politique astucieuse des hommes blancs, qui, fidèles à leur plan de dépeupler cette terre, se sont fait un malin plaisir d'armer les enfans contre leurs pères, les pères contre les enfans, dans le coupable espoir de rester un jour les seuls maîtres du champ de bataille, sans même avoir pris la peine de combattre.

Cette guerre fut terminée par le succès de la bonne cause. Le gouverneur général, sans cesse occupé à restaurer le pays, y avait rappelé le règne des lois, des bonnes mœurs, de la piété, de l'instruction et de l'industrie. La culture et le commerce florissaient, le pays enfin sortait de ses ruines. Mais le gouvernement français n'avait pas encore traité de la paix avec le cabinet britannique; elle était à peine conclue qu'un armement formidable, destiné en apparence pour tout autre pays que celui-ci, vint nous replonger dans un abîme de maux.

Plusieurs d'entre nous, qui avaient antérieurement pratiqué le premier consul, lui rendaient la justice d'avouer qu'aucune animosité, aucun dessein sinistre contre nous, n'existait alors dans son cœur; nous confessons même qu'il professait des sentimens louables envers les colonies. Forcé d'acquérir des lumières sur des contrées dont il n'avait encore saisi ni l'esprit ni le système administratif, il crut ne pouvoir mieux s'adresser qu'à la longue expérience des colons. C'était en effet la voie la plus sensée pour obtenir des notions exactes sur les meilleures lois à appliquer à ce pays, si les colons, moins en proie au délire des passions, mieux instruits sur leurs véritables intérêts, au lieu de surprendre la religion et d'égarer l'opinion de ce chef, eussent offert à ses plans une direction bienfaisante et des combinaisons raisonnables; mais ceux qui, au premier cri de la liberté générale, avaient appelé les puissances étrangères; ceux qui, à l'hôtel Massiac, avaient juré le rétablissement de l'esclavage, ou la perte de Saint-Domingue; ceux qui ont été jusqu'à avancer que cette colonie ne serait jamais assurée à la France, si elle n'était totalement régénérée; ceux-là, dis-je, ne pouvaient être que des conseillers perfides.

En vain quelques honnêtes gens tels que Bernadotte, Lucien Bonaparte, Dumas, etc., eurent le courage de combattre ces criminelles insinuations; de tous côtés il pleuvait des mémoires, des pamphlets, tous plus extravagans, plus incendiaires les uns que les autres. Le coup fut donc porté, et l'esprit du gouvernement, en contact avec la pernicieuse influence des colons, décida contre nous une expédition telle que, de mémoire d'homme, aucune nation européenne n'en avait encore dirigée contre des climats aussi lointains. Il est donc bien vrai que l'erreur dans laquelle on entretient les grands devient la verge qui châtie les peuples!

Il est bien surprenant que d'après la prétendue connaissance qu'ont les hom-

mes blancs de leur supériorité naturelle,
ils n'aient pas dédaigné, en tout temps,
et surtout à l'époque où cette expédition
est venue aborder nos côtes, de fasciner
les yeux d'un peuple naissant, et d'abuser de sa confiante crédulité, par des proclamations signées du chef de la république française!

Bien persuadés, au contraire, que
pour s'aplanir la route des succès il fallait semer parmi nous un conflit d'opinions, une diversion salutaire, les Français n'ont rien négligé pour parvenir à ce
but. «Vous êtes tous égaux et libres devant
Dieu et devant les hommes, lisait-on au
bas de la proclamation du premier consul,» tandis que les instructions du capitaine général Leclerc étaient formelles
pour l'esclavage, avec cette seule excep-
tion qu'il en devait ménager habilement
les progressions d'après la situation des
esprits, et en graduer l'extension sur
les progrès de l'armée française; tandis

que le premier consul décrétait le retour de ce fléau pour l'île de la Guadeloupe, parce que, disait-il, elle n'avait pas, comme la nôtre, pris les armes contre les ennemis de la liberté.

« Venez, nos frères, venez-y recevoir le baiser de paix et de fraternité, » s'écriaient des bêtes farouches, en composant le son de leur voix, en adoucissant le langage de leurs yeux; et pourtant c'était pour mieux nous étouffer que les barbares nous serraient sur leur sein; et si le paradis se lisait dans leurs regards, se peignait dans leurs discours, les serpens des Euménides gisaient cachés au fond de leurs cœurs.

Ici une carrière immense de crimes s'ouvre à l'imagination effrayée.... Dans quel recensement de cruautés suis-je forcé d'entrer? Au souvenir de tant de forfaits, je doute encore si les horreurs d'un songe ne m'ont pas tout à coup transporté dans ces temps de barbarie.

où l'on offrait aux dieux le sang humain en sacrifice. Quel démon ennemi de l'espèce humaine a déchaîné contre nous des monstres féroces ainsi altérés de meurtres et de carnage? Non, ce n'est point le passage d'hommes sorti du sein de l'antique Europe que je vais décrire, c'est celui des hiènes, des panthères. Hélas! plus coupables mille fois que ces animaux sanguinaires, puisque du moins ceux-ci respectent leurs semblables, et ne fondent sur leur proie que pressés par la faim, les bourreaux de l'armée expéditionnaire, sans motifs, sans nécessité, se sont précipités sur les êtres les plus faibles, les créatures les plus intéressantes! ils n'ont pas rougi dégorger l'innocent, au nom de la liberté et de l'égalité!

Ce que l'avenir apprendra avec frémissement, ce que la postérité ne pourra concevoir, à moins que le suffrage unanime des auteurs contemporains ne vienne à l'appui, c'est que jamais on n'avait donné

tant d'authenticité aux droits de l'homme;
que jamais tant de flots de lumières n'a-
vaient été répandus sur la terre, qu'à l'é-
poque où ces fureurs ont été exercées.

La guerre encore, cet état de destruction, porte avec elle son palliatif : le péril
est égal des deux côtés; d'ailleurs l'honneur, la valeur, la patrie, savent tout in-
terpréter à leur avantage. Mais méditer
de sang-froid, dans le silence du cabinet,
l'assassinat de tout un peuple; le poi-
gnarder lâchement, après l'avoir endormi
aux accens d'une sirène enchanteresse;
inventer des moyens nouveaux de pro-
longer ses tortures, et prétendre, d'après
cela, colorer cette inhumanité du beau
nom de justice, Français, c'est une con-
tradiction d'idées, un raffinement de scélératesse, une monstruosité qu'aucun de
vos historiens n'a encore reprochée aux
peuplades que vous nommez sauvages!

Mais revenons au début des héros de
l'armée expéditionnaire : ils ne pouvaient

se présenter dans une occurrence plus favorable. Le gouverneur général se trouvait alors dans la partie est de l'île, sans
avoir laissé aux autres généraux la latitude
de pouvoirs si nécessaire en pareil cas ; en
sorte que ceux-ci, incertains, embarras-
sés, ne purent prendre conseil que de
leur honneur, et réglèrent leur conduite
sur les procédés des Français. Déjà les
levains de discorde, que l'astuce européenne avait su fomenter au moyen de
la guerre civile, pour faciliter le futur
envahissement des Français, fermen-
taient en leur faveur avec une si puis-
sante influence, que toute la partie du
sud s'est rendue, sans coup férir, au seul
général Darbois, accompagné de deux
aides de camp.

Entraîné par cet exemple, le quartier
de Jacmel s'est laissé occuper par soixante
recrues du bataillon de l'Aube; forcées de
suivre le torrent, la ville et la plaine de
Léogane se soumirent à vingt-deux dra-

gons, à la tête desquels se trouvait le colonel d'Henin, et la ville du Port-au-Prince, ainsi que les forts qui en dépendent, tombèrent au pouvoir de deux mille cinq cents hommes, tout au plus, commandés par le général Boudet. Mais le fort Biroton leur avait été livré par le nommé Bardet; mais les hommes blancs de cette dernière ville, et particulièrement le général Agé, auquel le commandement en était confié, avaient réussi à gagner une partie des officiers et des soldats de la garnison.

Restés fidèles à leur chef naturel, Germain et Lamartinière furent contraints d'en venir aux extrémités envers les leurs, lorsqu'il s'est agi d'engager le feu avec l'ennemi. Forcés, aux portes de l'arsenal, de tirer de leurs propres mains sur des officiers, au moment de s'y procurer des munitions, ils ne parvinrent à rétablir leur autorité que par des coups d'état, et en arrêtant le général Agé. Tant les écrits, les insinuations des Français avaient séduit et égaré la population indigène! tant l'opinion générale était fortement prononcée en faveur de la France!

Tout fut donc livré à ses gens, depuis la pointe de Tiburon jusqu'à l'Aréahaie, où commandait le général Charles Bélair. Ce point devint la barrière où devaient s'arrêter les progrès de la séduction française.

Le capitaine général Leclerc s'était réservé d'attaquer le Cap. Avant qu'il insultât nos batteries, le général Henri Christophe épuisa auprès du chef expéditionnaire tous les moyens connus de conciliation; mais aucunes considérations, nulles représentations ne purent empêcher qu'on en vînt aux mains; ce qui prouve que le gouvernement français, tout en émettant des proclamations flatteuses, concentrait dans le secret de sa politique une arrière-pensée qui devait nous être bien préjudiciable. Le trait que je vais rapporter, à l'occasion des diatribes virulentes qui se distribuaient alors à Brest, à Toulon et à Rochefort, vint démontrer jusqu'à l'évidence que le cabinet consulaire, dans ses écrits officiels, n'avait pour but que de semer de fleurs les bords du précipice où il voulait nous entraîner.

La première frégate de l'expédition, qui fit voile de France, la *Vertu*, était précisément celle où se trouvaient Villate et Rigaud. Le capitaine avait ordre de croiser à telle hauteur désignée, jusqu'à ce que la flotte entière parût à ce point déterminé. En conformité de ces instructions, le capitaine partit, et, arrivé vers les degrés prescrits, courut bordées sur bordées, jusqu'au moment de l'apparition de l'escadre française. Cette jonction opérée, on fit aussitôt signal au capitaine de la *Vertu*, d'arriver sur le vaisseau commandant, où on lui signifia d'avoir à se tenir constamment sur les derrières de la flotte, à ne prendre aucune part aux évé-

nemens qui allaient se passer, et à lou-
voyer, en observant avec soin les nouveaux ordres qu'on pourrait lui signaler.
En effet, ce ne fut qu'après que l'incendie
eut dévoré la majeure partie de la ville
du Cap, et que les poudrières eurent
sauté, qu'il fut ordonné à ce capitaine,
qui s'était tenu jusque-là au large, d'entrer en rade, et de débarquer Villate et
Rigaud. Donc ces deux généraux, ainsi
que leur suite, n'étaient point destinés à
mettre pied à terre, à moins qu'elle ne
fût couverte de cendres et de débris.

A peine les Français, plus par ruse et
par persuasion que par la force des armes,
furent-ils parvenus à étendre leur domination sur la totalité de l'île, qu'ils commencèrent à établir un système d'oppression, d'espionnage, de pillage et
d'inquisition, dont eux seuls peuvent donner une idée précise. De suite le désarme-
ment général de la population insulaire
fut mis à l'ordre du jour; les divers se-

crets de violer le respect dû au commerce épistolaire furent pratiqués; des conciliabules nocturnes se tinrent, où l'on s'occupait des moyens les plus expéditifs de consommer notre ruine totale; il n'était pas un de nos chefs auquel on ne fît la proposition d'arrêter un autre chef son semblable. Aussi n'osait-on nulle part respirer, de peur que les tyrans n'entendissent votre souffle, et ne vous en fissent un crime! Mais le chef-d'œuvre des Français, ce fut d'avoir enlevé, sur l'habitation Pougaudin, aux Gonaïves, le gouverneur général Toussaint Louverture, qui y dormait paisiblement sur la foi des traités, en lui prêtant des desseins qui n'avaient jamais approché de sa retraite, et en lui supposant une correspondance fabriquée par les seuls Français. Du moment de l'embarquement de l'innocente victime, Rigaud, que l'on avait jusqu'alors bercé du chimérique espoir de commander une soi-disant colonne mobile;

Rigaud, mandé à bord d'un vaisseau
dans la rade de Saint-Marc, sous l'in-
sidieux prétexte de faire la tournée de
l'île, en la compagnie du capitaine général, fut très-étonné de s'y voir détenir
prisonnier d'état, et de s'entendre demander ses armes, lesquelles, dans un accès
de rage, il précipita au fond de la mer.

Dès lors le signal des arrestations fut
donné dans le Sud et dans l'Ouest, et se
propagea rapidement dans le Nord. Tous
ceux qui avaient montré de la force
d'âme, de l'érudition ou du caractère à
l'époque où nous avions revendiqué les
droits de l'homme, et principalement les
traîtres qui avaient le mieux favorisé le
succès de cette expédition, furent les
premiers arrêtés. D'abord on essaya d'aller les vendre dans les colonies étrangères[1] ; cette tentative ayant été infruc-

[1] Un capitaine de frégate fut proposer au capitaine
de Porto-Rico de lui vendre les déportés qu'il avait à
son bord ; celui-ci lui répondit, avec le flegme espagnol :

tueuse, les Français résolurent de nous
déporter en France, où les travaux des
grands chemins, les galères, les cachots,
les fers, les poisons nous attendaient.

Cependant, dans quelques quartiers de
l'île, ces paroles formidables : Résistance à l'oppression! s'étaient fait entendre; mais ce n'était encore que le prélude
d'une commune explosion. Quoique ces
avant-coureurs d'une foudre prochaine
ne parussent pas aussi alarmans qu'ils l'é-
taient en réalité, ils furent jugés assez
sérieux par le capitaine général, pour
qu'il convoquât une assemblée extraor-
dinaire de colons, aux fins d'adopter les
mesures les plus propres à ramener un
meilleur état de choses; mais les membres de ce conseil, présidés par Blin de
Villeneuve, bien loin de se relâcher de
leurs principes liberticides, en faveur de

« Si ce sont des esclaves, je n'en veux point acheter; et
si ce sont des hommes libres, vous n'avez pas le droit
de les vendre. »

la gravité des circonstances, répondirent par ces mots : Point d'esclavage, point de colonies [1]. L'impression subite de ce ridi-

[1] Ce fut dans cette séance orageuse et décisive que le général Henri Christophe exprima sa surprise de ce qu'il ne voyait autour de lui que les individus encore décorés des dignités étrangères, décidant sur le sort de son pays, et qu'il obtint du capitaine général la promesse, hélas! trompeuse, d'embarquer R........., si célèbre déjà par ses barbares exécutions. En effet, cet opprobre du genre humain, pour signaler son arrivée au Port-au-Prince, et y faire pressentir la nature de son proconsulat, avait invité les dames haïtiennes à un bal préparé au Gouvernement. Quelle fut leur douleur d'entrer dans une salle toute tendue de noir, ornée de crêpes lugubres, et éclairée par des torches funéraires! Elles ne purent s'empêcher de témoigner à ce tigre leur émotion. « Eh bien! vous pensiez, leur dit-il, venir à un bal paré; c'est à votre enterrement que je vous ai invitées, et j'en ai voulu faire les frais. » Quelle idée ce bourreau donnait de son règne! et que la suite a bien justifié cet affreux pronostic! Parmi une infinité de traits qui décèlent l'excès de turpitude et de dépravation auquel il s'est porté, on est embarrassé de choisir, et j'offre le suivant, parce qu'il s'est jusqu'ici conservé dans les archives du greffe du tribunal séant en cette ville.

Le sieur Raymond-Labatut, riche habitant de l'île de la

cule entêtement, non moins que la certitude de l'avenir qu'il présageait, plongea
le capitaine général dans un état de ma-

Tortue, s'était toujours plu à traiter humainement ceux
que le sort lui avait assujétis, les ayant constamment
considérés comme ses enfans; son nom était partout
en grande vénération; en sorte qu'à l'époque où le général Capoix, à l'aide de quelques radeaux fragiles, vint
opérer dans cette île une descente aussi hardiment entreprise que glorieusement terminée, l'habitant vertueux recueillit le fruit de ses bonnes œuvres, c'est-à-
dire que sa personne et ses propriétés furent respectées.
Ce brave homme, qui n'avait eu pour sauvegarde que
le pouvoir des bienfaits, fut malicieusement soupçonné
d'avoir participé au secret et à la réussite de cette expédition, et, comme tel, détenu et mis aux fers. Déjà
même son arrêt était prononcé, lorsque R......... se res-
souvint qu'il tenait dans ses griffes un grand propriétaire, et qu'il ne pouvait se présenter une occasion plus
(En)favorable d'ajouter quelque chose à ses autres larcins.
conséquence le sieur Labatut fut avisé que, moyennant
la perte de deux cents carreaux de terre, on pourrait
lui faire grâce de la vie. Le malheureux prisonnier ne
balança pas à accepter l'offre, et, le 26 prairial de
l'an xi, ou le 15 juin 1803, l'acte de vente fut passé en
cette ville, au rapport de Mes Cormeaux et Moreau.

Le sieur Labatut, après avoir signé, se croyait hors de

rasme et de langueur qui le conduisit au tombeau.

Au gouvernement de Leclerc succéda celui de R......... Alors tous les moyens de destruction, dont j'ai parlé plus haut, ayant été reconnus d'une exécution trop lente et trop coûteuse, on eut recours aux gibets, aux noyades et aux bûchers. Ni le sexe, ni l'enfance, ni la vieillesse, ne trouvaient grâce aux yeux de ce démoniaque. Le général Maurepas fut conduit à bord d'un vaisseau, où, après avoir été amarré au grand mât, on fixa des épaulettes sur ses épaules, et sur

cour et de procès, lorsque le sieur Labrely-Fontaine, secrétaire de R......... lui fit entendre que, pour seulement cent carreaux de terre, il aurait la certitude de n'être point réarrêté. A ce terrible mot, le propriétaire sentant bien qu'il s'agissait de sortir d'embarras aux dépens de sa fortune, en fit sur-le-champ le sacrifice. Ce dernier contrat suivit immédiatement le premier, et le vieillard, qui n'en était pas devenu plus chargé d'espèces, pour se tenir à une plus grande distance des acquéreurs, ne tarda pas à s'éloigner de l'île.

sa tête un vieux chapeau de général, avec
des clous tels que ceux que l'on emploie
à la construction des gros bâtimens; au
lieu de bateaux à soupapes, on, en in-
venta d'une autre espèce, où les victimes
des deux sexes, entassées les unes sur les
autres, expiraient étouffées par les va-
peurs du soufre. Alors s'introduisit un
vocabulaire exécrable, usité du temps de
la terreur en France; et, pour de nouveaux crimes, il fallut créer des mots
nouveaux. Malheur à la vierge sensible,
à l'épouse éplorée, à la mère éperdue, à
l'ami officieux qui osait s'intéresser au
sort des proscrits! Le père tremblait de
se dévoiler au fils, le fils redoutait de se
confier au père; chacun, dans des transes
mortelles, attendait que des limiers nocturnes vinssent heurter à sa porte, et lui
demander son sang. En un mot, si le digne émule de Robespierre eût pu, à l'aide
d'une machine pneumatique, intercepter
en un seul et même instant la respi-

ration de tous les êtres vivans, il l'eût
très-certainement exécuté; mais il se dé-
dommagea de cette impossibilité, en en-
veloppant des enfans dans des sacs, où,
après avoir été poignardés, ils étaient
jetés à la mer.

Tandis qu'un grand nombre de cadavres, que les flots nous renvoyaient pour
révéler ces attentats, flottaient le long de
nos rivages, la flamme des bûchers s'ap-
prêtait à consumer des victimes sans cesse
renaissantes. A la pâle clarté de ces au-
to-da-fés, aux cris des malheureux assail-
lis par le feu, de nouveaux inquisiteurs
renouvelaient ces orgies sauvages que
l'on avait jusqu'ici traitées de fables, et,
bientôt après la race humaine fut dévo-
rée par des chiens....

Où suis-je?... Quels forfaits dégoûtans
je vais consigner au domaine de l'histoire!... Puisque la force du sujet subju-
gue ma plume, il faut poursuivre, et
consacrer à la postérité la plus reculée le

souvenir de ces meutes anthropophages, à grands frais exportées de Cuba à Saint-Domingue.

Pourquoi faut-il que la vérité sévère m'oblige d'avouer que c'est un homme d'une famille illustre, un N........ enfin, qui n'a pas craint de déshonorer le tronc dont il sort, en se chargeant de cette infâme commission? Assurément, dès cette époque, il avait consenti à ce que la noblesse de sa race fût éteinte en lui, et, d'après cette honteuse abnégation de lui-même, il ne reste plus qu'à le classer parmi ces tigres blancs à figure humaine, qui ont dévoré une grande partie de notre population.

Ils sont entrés en rade, ces chiens soigneusement choisis, conduits par des dogues bipèdes qui les surpassent en cruauté. Ils débarquent pêle-mêle, et cet heureux événement est signalé par l'allégresse générale. Ce triomphe est célébré par le concours unanime des voix et des cœurs. C'est à qui s'empressera d'admirer ces bourreaux d'une nouvelle espèce, de jeter des fleurs sur leur passage. Partout on distribue les cocardes et les rubans qui doivent les décorer. Le très-petit nombre d'Européens que ce délire inhumain révolte, ou frémit d'épouvante, ou se cache, ou se tait.

Bientôt ces animaux sont stylés à l'usage auquel on les destine : une diète savamment calculée irrite encore leur voracité naturelle. Du moment qu'on les a jugés suffisamment préparés, on annonce avec solennité le jour, l'heure, l'instant affreux où une créature humaine, par la seule raison qu'il a plu au ciel de la revêtir d'un épiderme noir, va être exposée dans l'arène au sanglant essai de ces monstres. Toute la ville du Cap accourt à ce spectacle ; des banquettes sont préparées autour d'un amphithéâtre élevé dans la cour du couvent des religieuses, qui rappelle les cirques ensanglantés des Romains : on s'y précipite, on s'empresse d'y prendre place. Barbares exécuteurs, spectateurs farouches, quoi! la sainteté de cet asile n'a pas suspendu vos desseins criminels! l'idée d'un tel supplice n'a pas glacé le sang dans vos veines!

Mais le signal est donné, et déjà le patient est traîné en pompe vers le fatal poteau. Comme si dans cet état de *nihilité* on redoutait encore qu'un miracle du ciel s'opérât en sa faveur, il est fortement attaché, et, pour ainsi dire, cloué au gibet. Aussitôt des piqueurs actifs agacent leurs meutes, les excitent, les enflamment, tantôt en les rapprochant, tantôt en les éloignant habilement de leur proie. Quand on s'est assuré que la rage des dogues est à son comble, on les lâche contre L'HOMME devenu leur pâture. Le malheureux qu'il est, il avait senti déjà tous les genres de mort, à la seule vue de ces effrayans préparatifs!

Au même instant les chiens, d'autant

plus acharnés que leur ardeur avait été plus long-temps comprimée, s'élançant sur leur curée, fondent à la fois sur toutes les parties de son corps, et le dilacèrent à qui mieux mieux. O souffrances non encore éprouvées! ô attentat d'une nouvelle espèce contre l'humanité! Grand Dieu! est-ce donc pour être ainsi torturée, que tu as permis qu'une portion du genre humain fût transplantée sur cette terre! Ah! nous le sentons, nous sommes forcés d'en faire l'aveu, sans le principe conservateur que tu as identifié avec nos âmes, sans le pouvoir que tu as remis à l'ingénieuse fabrication de nos mains, nous aurions acquis le droit de révoquer en doute ta justice et ta bonté!... Mais revenons à la scène déchirante qui se passe à la vue d'une horde de cannibales.

En vain les cris de l'humanité aux abois ont invoqué le ciel et la terre; en vain une voix expirante sollicite la pitié : vaines clameurs! prières superflues! La pitié...!

elle a fui de cette contrée avec sa population originelle ; les Européens s'en sont dé-
pouillés en passant le tropique. La pitié...!
elle ne saurait habiter, cette sainte éma-
nation, aux lieux où la soif de l'or a fondé
son empire ; et ce n'est pas aux usurpa-
teurs, aux destructeurs de l'Afrique et
des deux Indes, à ressentir ses douces
émotions, même alors qu'ils sont vengés.

Enfin le martyr, succombant à l'excès de
ses maux, adresse au ciel un regard élo-
quent, devenu la leçon de ses concitoyens ;
puis son crâne s'affaisse sur son sein dé-
charné, et les voûtes célestes s'entrou-
vrent au dernier souffle de l'innocence.
Destructeurs de notre cause, hommes
blancs, ou trompeurs ou trompés, si vous
aviez entrevu ce sein désossé, ces membres épars, ces lambeaux palpitans, ces
chairs meurtries par des quatrupèdes
carnassiers, vous ne parleriez plus de vos
bons traitemens ! vous ne seriez plus éton-
nés du juste droit de représailles !

Tant que notre cœur sera encore susceptible de quelques battemens, nous
nous souviendrons de les avoir vus, ces
muscles contractés, cette tête profanée,
ces débris tout sanglans, déposant contre
les auteurs de l'invention; sans cesse ils
poursuivront notre pensée ces yeux mou-
rans de la victime, où se confondaient,
en traits sublimes, l'expression d'un tour-
ment au-dessus des forces humaines, l'auguste appel à ses semblables outragés dans
son individu, la certitude d'être vengé
sur la terre, et l'espoir d'être récompensé
dans les cieux!

Quel tableau pour le peintre haïtien!
qu'il sera digne de la postérité, celui dont
le pinceau redonnera la parole et la vie à
cette bouche expirante, à ce regard ago-
nisant, surtout s'il sait faire contraster la
lugubre horreur du plan principal avec
la sérénité et la joie féroce des spectateurs!

Tant de barbarie, d'exécutions inouïes,

nous ayant forcés à nous jeter dans les bois, le cri de la vengeance a résonné de toutes parts. A cette noble résolution, les sépulcres de nos ancêtres se sont ouverts, leurs ossemens poudreux ont tressailli : Vengeance! ont répondu ces tombeaux et la nature entière. Aussitôt ses enfans flétris ont couru aux armes; une lutte né-cessaire s'est établie entre l'oppresseur et l'opprimé : au croisement des baïon-nettes, toute idée imaginaire de supério-rité et de couleur a disparu, l'homme seul est resté [1]. Enfin, après des combats

---

[1] Cette idée de l'honorable J.... C........ rappelle ces beaux vers de l'Horace français, Jean-Baptiste Rousseau :

> Montrez-nous, guerriers magnanimes,
> Votre vertu dans tout son jour;
> Voyons comment vos cœurs sublimes
> Du sort soutiendront le retour :
> Tant que sa faveur vous seconde
> Vous êtes les maîtres du monde,
> Votre bonheur nous éblouit;
> Mais au moindre revers funeste
> Le *masque* tombe, L'HOMME RESTE,
> Et le héros s'*évanouit*.
>> *Ode à la Fortune.*

Qu'on ne s'étonne point de voir citer ici J.-B. Rous-

sans nombre, nous sommes parvenus à expulser les Français de notre territoire; mais ce n'est pas sans qu'ils y aient laissé des vestiges de la fougue des passions, de l'impétuosité et de la funeste valeur qui les caractérisent; car, ni les ouragans, ni les crises, convulsions de la nature, n'ont fait à ce pays le tort que lui ont occasioné les transports de ces frénétiques. Qu'on ne nous parle plus de la destinée de ceux qui ont vécu du temps du déluge, ou qui ont été en proie aux ravages de la famine et de la peste : les seuls malheureux sont ceux sur lesquels a pesé la faux de ces tyrans.

Si l'on peut se figurer un triumvirat assez exaspéré pour avoir pu concevoir et

seau, à propos de la liberté des Nègres, que l'Académie française a naguère solennellement proposée pour sujet d'un prix spécial. Je remplis une promesse de vingt ans, que n'a point oubliée la mémoire du cœur, faite au plus jeune des fils de Toussaint Louverture, mon ami, dans une île de l'Océan occidental.

BOUVET DE CRESSÉ.

ordonner des plans aussi destructeurs,
on comprend difficilement comment plus
de soixante mille hommes employés à
cette expédition, ont pu se dégrader au
point d'en devenir les aveugles exécuteurs, surtout lorsque nos propres ré-
flexions, renforcées par l'expérience des
siècles, confirment que la tyrannie couve
des résultats aussi certains, aussi affreux
pour ses auteurs que pour leurs agens ou
leurs complices. Quel est l'être sensible et
réfléchissant qui, au tableau hideux que je
viens de présenter, ne conviendra pas que
les animaux les plus féroces le cèdent à
l'homme en cruauté? Quel est celui qui
ne rougit pas d'être de la même espèce
que celle de ces fléaux dévastateurs, et
qui ne regrette d'avoir reçu le jour, au
moment où ces phénomènes de sang faisaient leur tournée sur le globe? Grand
Dieu! quelle hideuse carrière viens-je de
parcourir, et sur quel sanglant terrain
vais-je être encore obligé de descendre!

CHAPITRE IV.

Événemens subséquens au départ des Français. Mouvement du peuple. Catastrophe qui en résulte.

Aussitôt que les Français furent embarqués, nous sentîmes le besoin généreux de nous montrer clémens envers ceux des hommes blancs qui manifestaient l'intention de vivre et de fraterniser avec nous, sous l'expresse condition de se conformer à nos lois et à nos règlemens, et de ne s'immiscer ni directement ni indirectement dans les affaires du gouvernement. Un grand nombre nous ayant prêté ce serment, restèrent parmi nous; mais à peine ils furent admis à participer à notre système social, qu'ils voulurent envahir tous les emplois, tournèrent nos

institutions en ridicule, affectèrent ces
tons d'arrogance et de supériorité si dé-
placés de la part des vaincus à l'égard des
vainqueurs, murmurèrent hautement contre l'autorité entre les mains de laquelle
l'administration générale venait d'être
remise, et surtout blasphémèrent contre
l'indépendance qui venait d'être décré-
tée. Ces symptômes de mécontentement,
bien loin de nous aigrir, n'avaient excité
que notre indulgence, parce que nous
nous y étions attendus de la part de ces
êtres incorrigibles, si long-temps enra-
cinés dans les principes de l'orgueil et
des préjugés, en sorte qu'on ne fit point
de cas de ces mouvemens indiscrets.

Bientôt leur libre circulation s'établit
de villes en villes, de plaines en plaines,
de montagnes en montagnes ; les agricul-
teurs, rendus plus défians, plus ombra-
geux, par la possession d'un objet si chère-
ment acheté, s'aperçurent de la mauvaise
foi des mécontens, par leurs discours,

leurs insinuations et leurs promesses perfides, et en témoignèrent de l'inquiétude.
Rassurés par le gouvernement, leurs
craintes se calmèrent; mais à peine ces
hommes blancs eurent-ils pris un certain
degré de consistance, que, devenus plus
hardis par notre silence et par l'impunité
d'une infinité de parjures, plusieurs
d'entre eux, à Jérémie, cherchèrent à
corrompre la garnison, et tentèrent de
nous armer les uns contre les autres.
Férou, qui commandait alors à Jérémie,
ayant découvert la trame, fit arrêter,
juger et fusiller les principaux conspirateurs. Les mêmes caractères de perfidie
s'étant développés aux Cayes et au Port-
au-Prince, le peuple de ces quartiers
abandonna ses travaux, son commerce,
se mutina contre ses supérieurs, et finit
par déclarer à l'empereur, que s'il ne lui
rendait pas promptement raison de ces
attentats contre sa liberté, il saurait bien
se faire justice lui-même et méconnaître

son autorité. Ce chef n'était pas encore
bien avisé de la tournure des affaires et
de la situation des esprits, que la population des Cayes s'était déjà jetée sur un
grand nombre de traîtres et d'embau-
cheurs qu'elle avait mis à mort.

Le défunt empereur se rendit en toute
diligence au Port-au-Prince, où le peuple
conjuré lui demanda la tête de tous ceux
qui avaient signé l'adresse par laquelle
les colons demandaient le rétablissement de l'esclavage, et l'infâme R.........
pour capitaine général en cette île. Les
choses en étaient venues à un tel point
d'effervescence, qu'une pareille démarche
était plutôt la notification de la volonté
générale, qu'une demande faite à ce chef;
en sorte que, sans attendre sa réponse,
le peuple, dans tous les quartiers, se précipita sur les signataires de l'adresse; mais
une fois lancé dans ce champ de la vengeance, le bœuf n'a pas été maître de retenir son ardeur, parce qu'il portait en-

core dans ses flancs une infinité de traits dont les pointes aigües étaient autant de stimulans; la voix des autorités ne fut point entendue; et d'ailleurs, nul pouvoir coërcitif ne pouvait balancer cette force motrice. Ce qui est arrivé en France à l'époque de la révolution, en Irlande du temps des querelles de religion, en Angleterre durant le cours de ses discordes civiles, en Espagne depuis l'invasion des Français, a eu lieu en cette île; c'est-à-dire qu'ici, comme partout ailleurs, la force populaire ne connut point de limites; et l'on conviendra que ces différens peuples avaient éprouvé moins d'outrages et de persécutions que celui de Saint-Domingue.

Exemple terrible! qui démontre que les plus grands hommes se sont trompés en politique, lorsqu'ils se sont imaginés que parce que leurs passions n'avaient point de bornes, il n'existait pas de terme à la patience, à la modération des peuples

opprimés! Si des conspirateurs ont, en
tout temps, exercé des cruautés contre les
nations, est-il étonnant que les nations
se lèvent quelquefois pour le châtiment
des tyrans? Les Vêpres siciliennes, le mas-
sacre de la Saint-Barthélemy, celui du
Nouveau-Monde, les forfaits des soldats
de Bonaparte à Haïti, devaient-ils se flatter
d'épouvanter la terre, sans que de justes
représailles eussent éclaté, soit dans le
désir de se venger, soit dans le dessein de
se défendre? Où serait l'équilibre univer-
sel, si le crime, toujours heureux en ce
monde, ne trouvait de punition qu'au
delà de la tombe?

Pour décrier notre espèce, on ne manque pas de tonner contre nos chefs et
contre nous, au sujet de la catastrophe
qui a suivi l'expulsion des Français; mais,
pour juger sainement des choses, pour
oser prononcer hardiment contre nous, il
faudrait que nos observateurs eussent
enduré les mêmes maux aussi long-temps

que nous, et se fussent trouvés placés dans les mêmes circonstances. Quel est, en effet, celui d'entre eux qui, en descendant dans les replis de son cœur, en interrogeant sa conscience, peut affirmer avec vérité que dans une semblable hypothèse il se fût montré plus maître de ses passions, en un mot, meilleur que nous ne l'avons été.

Dites-nous vous-mêmes, Français, avez-vous pu retenir la fougue du peuple, lorsqu'il fut emporté par l'élan de sa révolution? Nous n'avons pas, jusqu'ici, appris qu'aucune autorité alors établie, ait pu lui opposer une barrière insurmontable. Au contraire, nous voyons par tous vos écrits, qu'il n'était point de force compressive égale aux fureurs d'un pareil débordement. Avait-il cependant, ce peuple français! autant et de si justes droits que nous à exercer? A-t-il su du moins conserver sa liberté, la seule excuse peut-être d'aussi grands excès?

Que d'efforts n'a point fait, de son côté, le président Henri Christophe, pour prévenir ces malheurs, ensuite pour les arrêter ? Malgré les cris de la populace, les fureurs de la vengeance publique, sa propre maison et celle de ses amis ont été le seul refuge des malheureux. Quoique des flots orageux soient venus emporter, jusque sous ses yeux, quelques-unes de ses bonnes œuvres, combien d'hommes blancs ne doivent qu'à lui, ou à ses soins, l'air qu'ils respirent aujourd'hui !

Que dis-je ? Ne l'a-t-on pas vu mettre un frein au désordre, dès que sa voix a pu se faire entendre ? N'a-t-il pas depuis donné des preuves constantes de son humanité et de sa bienveillance, du moment que son semblable respectait à son tour la vertu, les lois, les mœurs, l'honnêteté ? Après avoir été l'Hercule qui a purgé cette terre des fléaux qui la ravageaient, nouveau Numa, il a fait fleurir les lois, et, à l'exemple de ces premiers rois si célébrés par les auteurs grecs et latins, il pratique religieusement les devoirs sacrés de l'hospitalité, et tend une main secourable aux naufragés [1].

[1] Nous en appelons au tribunal des étrangers impartiaux qui abordent en cette île. Le commerçant tranquille, le spéculateur actif, habitent, ou parcourent sans crainte et sans péril, les endroits soumis à sa domination. Son sein bienfaisant a, plus d'une fois, accueilli les pleurs des infortunés. Entre autres traits qui font l'éloge de son humanité, la conduite qu'il a tenue à l'égard d'un capitaine portugais est digne d'être exposée au grand jour.

Le sieur Bonaventure Romezo, capitaine du navire portugais *Téjo*, faisant voile de Baltimore, États-Unis d'Amérique, pour le port de Lisbonne, eut le malheur de faire naufrage à cinquante lieues du cap Henri. Privés de nourriture, dévorés par la soif, les Portugais découvrirent deux bâtimens qui, les ayant aperçus, firent voile, à la vérité, sur eux, mais qui, après avoir reconnu leur déplorable situation, revirèrent de bord, et les abandonnèrent. C'en était fait de ces malheureux, si, quelques heures après, la goëlette *Jane*, de New-Yorck, commandée par M. Barssous, n'eût volé à leur secours et n'eût recueilli leur misère. Ce brave capitaine, destiné pour la Jamaïque, les déposa sur les côtes de Jean-Rabel, d'où ils se sont rendus au Cap.

Cessez donc, injustes ennemis des droits de l'homme, d'exhaler sur nous votre souffle empoisonné; c'est vous, ce sont

Ces infortunés ont bientôt rencontré dans l'âme de notre souverain les vertus qui n'existaient pas dans celles de deux de leurs semblables. *Illi prorsùs miseri, miseris succurrere non didicerunt.* Ceux-là, sans doute, n'ayant jamais éprouvé les coups du sort, n'avaient pas encore appris à secourir les malheureux; mais nous, que le destin bizarre ne s'est pas encore lassé de persécuter, nous sommes sortis plus purs du creuset de l'adversité; nous avons du moins recueilli ce fruit de l'école du malheur, que nous savons compatir aux maux de nos semblables. *Errare quidem humanum est, at ex errore suam extrahere lucem est aliquid divi.* Il est de la faiblesse humaine d'errer; mais savoir tirer de ses erreurs sa propre instruction, est un effort divin.

Quel contraste! des hommes, qui se croient d'une nature supérieure, ont commis, en pleine mer, ce crime de lèse-humanité; et le chef d'hommes nouveaux, auquel on conteste ce nom, cette qualité, exerce dans son état les pieuses fonctions de l'hospitalité! il est toujours prêt à accorder les consolations, les secours dus aux malheureux.

Qu'on ne dise pas, pour atténuer la beauté de ce procédé, qu'il n'en a ainsi agi que parce que le bienfait retombait sur une nation non ennemie : l'événement

les crimes que vos passions ont suscités en ce pays, qui ont enfanté nos représailles. Vos menées ténébreuses, la fausseté endurcie de vos cœurs, nous ont seules contraints de sévir contre vous, après qu'un entier oubli du passé vous avait été généreusement accordé de notre part.

C'est ainsi que des siècles de supplices ont enfanté, à la longue, des vengeances terribles. Sur qui doit tomber le blâme, la responsabilité de ces fléaux, si ce n'est

que je vais rapporter porte avec lui la réponse à cette objection.

Le corsaire français *le Bernadotte* était venu échouer, le 5 juin 1807, sur le récif de l'Islet-aux-Bois, sous le Vent de la Grange. A la première nouvelle de cette disgrâce, tous les légers bâtimens qui se trouvaient en rade ont été envoyés à son secours ; on a eu le bonheur de le sauver, et les Français de l'équipage naufragé, après avoir obtenu tous les objets de première nécessité, ont dû à la bienveillance de notre souverain les facilités, les moyens convenables pour se transporter partout où le désir et la volonté les portaient.

sur ceux qui les ont provoqués? Quoi!
vous aurez pu, depuis la découverte de
ce Nouveau-Monde, nous martyriser;
vous aurez tout récemment conçu, et en
grande partie exécuté le projet de notre
totale destruction; même après avoir été
pardonnés, vous aurez cherché à nous
diviser, à nous armer les uns contre les
autres, et il ne nous aurait pas été permis
de nous venger!

C'est ici, et ici sans doute, que nous
pouvons nous écrier avec l'immortel Vol-
taire, et dire aux détracteurs de notre
espèce :

Êtes-vous donc des dieux qu'on ne puisse attaquer ?
Vous, teints de notre sang, faut-il vous invoquer ?

C'en est fait, hommes blancs, qui nous
avez si souvent trompés et si long-temps
immolés ! le voile de la crédulité est
tombé; le règne d'une tyrannie étrangère
a cessé pour nous! Le dernier Haïtien
aura rendu le dernier soupir avant qu'on

vous voie de nouveau arborer sur cette
terre le drapeau de l'esclavage! Ce n'est
qu'en nous traitant en hommes libres,
qu'en nous faisant oublier, à force de
vertus, vos erreurs passées, que vous
pourrez espérer de partager avec nous les
trésors de cette île par des échanges réciproques. .

CHAPITRE V.

A tous les hommes vertueux qui ont plaidé notre cause,
ou qui se sont montrés justes et généreux envers nous.

Mon âme, fatiguée du tableau de tant
d'atrocités, s'en dérobe avec joie, pour
se soulager par le souvenir des belles actions. Je respire enfin; ma plume n'a plus
à s'exercer que sur des sujets qui sourient
à la pensée et font honneur à l'homme.

Si quelque chose nous afflige, c'est de
ne pouvoir conserver à l'admiration de
nos neveux les noms de ceux qui se sont
rendus recommandables par des sentimens distingués pendant le cours de nos
malheurs. La crainte de les compromettre,
ou de nuire à leur avancement, nous
oblige de taire des noms si précieux;

mais nous nous vengerons de ce silence en faisant éclater les actes de bienfaisance qui ont signalé leurs pas en ce pays. Au récit de ces belles actions, ceux qui s'en reconnaîtront les auteurs sauront qu'ils n'ont pas semé dans une terre ingrate. Cependant nous nous ferons un devoir de nommer les personnages illustres qui sont morts, ou qui n'ont rien à craindre de la publicité de nos hommages.

Il était bien digne d'un meilleur sort, il méritait de vivre parmi nous, ce préfet colonial des Cayes, appelé Fréron, qui, dans un grand repas, déclara hautement que, s'il pouvait se persuader que l'intention du gouvernement français fût de rétablir à Saint-Domingue l'ancien ordre de choses, il sortirait de la ville pour se mettre à la tête des Haïtiens. A la fin de ce repas, il ressentit de violentes coliques qui l'ont conduit au tombeau.

Même destinée a été subie par l'honnête homme Desbureaux, qui, s'apercevant que notre population était menacée d'une ruine prochaine, eut la vertu de nous en prévenir, et nous indiqua les moyens de nous y soustraire.

Comment ne pas admirer le général Dugua, qui, après avoir avisé nos chefs de la vérité, aima mieux se donner la mort que de survivre aux horreurs de notre destruction?

Vous méritez une mention honorable, juste et sensible Bénéseth, qui avez été frappé d'une mort soudaine et peu naturelle, pour avoir constamment donné l'exemple des vertus.

Recevez nos hommages, braves Boudet, Humbert et Hardy, qui avez démontré que, même en désobéissant aux lois de son pays, il est une voix secrète que l'homme d'honneur sait écouter, et que, avant tout, il existe des considérations humaines que partout on doit respecter.

Plusieurs capitaines de haut - bord, chargés de noyer une grande quantité de

femmes et d'enfans, au lieu d'exécuter cet
ordre inhumain, les transportaient d'un
bout de l'île à l'autre ; les faisant secrète-
ment débarquer sur un point diamétra-
lement opposé à celui de leur arrestation,
il les ont nourris et logés, à leurs propres frais, jusqu'au moment de leur départ
pour la France [1].

C'est ici le lieu d'exprimer notre reconnaissance aux braves Galiciens et aux
autres habitans de l'Espagne et du Por-
tugal qui ont favorisé la fuite et la

[1] De ce nombre n'était pas le féroce capitaine de la
frégate *la Cocarde*, qui, dans le dessein de conserver le
sucre et le café dont il avait comblé le bâtiment, et dans
le stupide espoir de vendre les malheureux déportés,
manœuvra de telle façon, qu'il réussit à échouer la frégate entre un banc de sable et le village de Saint-Vincent
de Barquerre, c'est-à-dire, dans un endroit où, de l'a-
veu même des Espagnols, jamais les plus légers bâtimens
de guerre ne s'étaient avisés de mouiller. Aussi les terribles secousses qu'éprouvait la frégate, aux flux et re-
flux de la mer, l'eurent-elles bientôt défoncée; en sorte
qu'elle fut condamnée, à la grande satisfaction du capitaine spéculateur.

marche, puis le retour dans leur patrie, de ceux d'entre nous qui ont été assez heureux pour échapper aux fers de leurs tyrans : surtout le respectable curé de Saint - Vincent de Barquerre , le sieur Francisque-Blanc, le sieur Joseph Becerre, alors consul français à la Corogne, et le consul français pour lors résidant à Lisbonne, dont le nom nous est malheureusement échappé, ont acquis des droits impérissables à la gratitude haïtienne.

Mais comment nous acquitter envers le gouvernement anglais, qui non-seulement a protégé ceux d'entre nous qui se sont réfugiés dans ses bras , mais nous en a plus d'une fois renvoyé par la voie de ses vaisseaux faisant route pour la Jamaïque? On regrette que, pour exprimer de tels bienfaits, les ressources du langage soient impuissantes.

Que dirai-je de l'immortel Wilbelforce, dont l'âme magnanime s'offre pour réparer en nous l'outrage du sort? Son nom

suffit à sa gloire, et il sera désormais prononcé lorsqu'il s'agira de citer les mortels
généreux qui, du sein de la grande Bre-
tagne, aspirent à la gloire de fonder l'humanité sur les débris de l'esclavage et
des préjugés.

Ames sensibles! hommes vertueux! vos
autels sont dans nos cœurs : c'est là que
votre image est adorée, et qu'un pur en-
cens s'élève vers ces esprits glorieux qui,
comme vous, ont consacré leurs inspira-
tions à la défense et au soutien des malheureux! Car toujours nous regarderons
comme des divinités ces créatures bienfaisantes qui ont consacré leurs veilles et
leurs écrits à l'amélioration du sort de
l'espèce humaine. Sans cesse leur souvenir attendrissant fera le charme de notre
pensée, en attendant que leurs noms précieux, gravés sur l'impérissable colonne
de notre indépendance, apprennent à notre postérité la plus reculée que, si dans
ce siècle de fer il a existé des Européens

courageux qui ont opposé aux progrès
de l'immoralité le langage de la raison
et le flambeau de la philosophie, ce nou-
vel état a eu pour fondateurs des hommes
capables d'apprécier le vrai mérite, admirateurs zélés de la vertu, et susceptibles
d'une reconnaissance égale à l'étendue
des bienfaits.

CHAPITRE VI.

Réflexions générales. Conclusion.

Des traitemens inhumains ont été tour à tour exercés et endurés durant le cours irrésistible des événemens qui ont affligé le Nouveau-Monde ; mais ne saurait-on mettre un terme aux fléaux comme aux vengeances? Pour avoir eu des torts réciproques, faut-il qu'on se déchire éternellement? et l'homme a-t-il le droit d'espérer en la miséricorde divine, si lui-même ne se sent le courage, la vertu de pardonner à son semblable?

Que ne suis-je déjà témoin de l'honorable réconciliation qui doit rattacher l'Ancien Monde au Nouveau par des liens tissus de fleurs! quand verrai-je arriver cette époque si désirable où les hommes blancs, abjurant leurs erreurs, oubliant nos querelles passées, répareront leur injustice par autant de bienfaits; où le peuple haïtien, sensible et reconnaissant, répondra à leurs nobles procédés par toutes les prévenances, les effusions de tendresse et de cordialité dont son heureux naturel est susceptible?

Malgré l'épaisseur du voile qui couvre encore ce séduisant avenir, l'imagination se plaît à écarter un coin du rideau, et toutes les puissances de l'âme sont émues à la moindre probabilité d'un événement qui doit resserrer l'union des deux mondes par des nœuds sacrés et indestructibles.

De frappans indices présagent que le spectacle enchanteur de l'espèce humaine ne formant plus qu'un peuple de frères n'est ni aussi éloigné ni aussi incertain que la nature du passé, la physionomie du présent, et un jugement anticipé sur l'avenir, paraissent l'indiquer : d'un côté les trésors des Antilles manquent aux divers marchés de l'Europe, et de l'autre les différentes branches de l'industrie européenne, les produits variés de son sol et de ses manufactures réclament en vain le luxe et la consommation des enfans des deux Indes ; d'ailleurs n'est-il pas raisonnable de présumer qu'une moitié du globe peut raisonnablement être asservie par l'autre, lorsqu'on considère avec consolation que la sagesse éternelle a décidé que les grandes calamités ne seraient que passagères en ce monde.

S'il a donc été arrêté que les tempêtes politiques n'agiteraient le fleuve de la vie qu'à des périodes très-éloignées les unes des autres ; s'il est de l'intérêt commun que les communes relations se rétablissent, quels autres moyens employer pour entretenir l'union, la concorde et l'harmonie, que ceux de l'honneur, de la bonne foi, de la sincérité, et de l'observance scrupuleuse de traités contre lesquels aucune des

parties ne puisse jamais récriminer pour
cause de lésion ? Rien ne pouvant régner
sur des cœurs généreux que ce qui est
juste, je m'étonne qu'on aille si loin chercher le levier qui peut seul remuer le
Nouveau-Monde au gré de l'Ancien, et
je me persuade qu'on finira par adopter
le véritable mécanisme qui convient au
jeu de nos ressorts.

Je ne ferai pas l'injure aux puissances
éclairées de l'Europe de supposer qu'aucune d'elles conserve encore le chimérique espoir de rasseoir ici son empire
les armes à la main ; on s'aperçoit aisé-
ment que, pour s'arrêter à un pareil projet, il faut que cette puissance se soit
préalablement décidée à y marcher long-
temps sur des cadavres et des décombres ;
et quand bien même elle oserait se flatter
(ce dont nous soutenons le contraire)
de s'en rendre maîtresse, après y avoir
toutefois enterré la plus brillante population de ses états, quel fruit retirerait-elle

de tant de trésors versés, de tant de sang répandu?

Dans cette horrible hypothèse, astreinte à des dépenses exorbitantes pour acheter et exporter de nouveaux esclaves, sans cesse obligée de vider ses coffres pour rebâtir les cités, replanter les établissemens agricoles, réédifier les manufactures, et introduire les instrumens mécaniques et les outils aratoires, elle ignore encore si, au moment de jouir en paix de tant de de travaux et de sacrifices, une autre puissance, jalouse de son voisinage, mais plus encore inquiétée par sa trop grande prépondérance, ne viendra pas la troubler dans sa possession. Cette puissance attaquante n'aura qu'un mot à prononcer pour renverser de fond en comble l'édifice que sa rivale aura construit sur le sable. En effet, quelques soins que la puissance attaquée aura mis à détruire totalement notre population, quelque attention qu'elle aura apportée au choix et à la prétendue nullité morale de ses nouvelles victimes, il est de principe certain, que partout où il y a des hommes, il y a des soldats; mais il est bien plus vrai que partout où un esclave gémit, un soupir libre est étouffé : il ne s'agit que d'une parole pour donner à ce souffle concentré toute l'explosion imaginable.

Mais détournons notre pensée de ces idées sinistres, pour envisager d'une autre part la délicieuse perspective qui se développe à nos yeux. Que vois-je?..... un palais brillant de clarté termine le point de vue. Bâti sur de vastes ruines, il survit aux orages, et triomphe de l'artifice des méchans; c'est celui de la vérité : son serviteur fidèle, le temps, d'une main expérimentée, en découvre le sanctuaire. Quels objets frappent mes regards?........ une vierge en désordre, échevelée, s'arrachant des bras de ses infâmes ravisseurs, fait contempler son sein flétri à une femme d'un âge mûr, assise sur un trône

et couronnée de plusieurs diadèmes. A cet aspect, cette reine, qui, jusque-là, n'avait été qu'une injuste marâtre, ordonne à ses satellites de disparaître, leur défend d'oser jamais approcher d'une fille désormais l'objet de ses plus tendres sollicitudes, et, pour prix de ses longues souffrances, déroule à ses yeux un écrit où ces mots sont tracés en caractères indélébiles : *Liberté*, *Indépendance*, *Commerce*. Deux divinités, dont l'une a pour attribut une épée nue, et une balance égale des deux côtés, et l'autre, au maintien grave, présente un flambeau lumineux, président à cette heureuse réconciliation. La première confirme le traité, et la seconde déride son front majestueux.

Européens! à ce tableau allégorique, reconnaissez votre patrie, expiant trois siècles de torts; voyez - la rejoindre les nœuds politiques et commerciaux avec cet état naissant; la justice a pesé les bases du contrat d'échange qui doit assurer nos liaisons réciproques, et la raison satisfaite applaudit à cette scène mémorable.

Vous surtout, hommes vertueux, dont la plume courageuse a fait revivre si honorablement les sentimens d'amour et de charité qui doivent unir les enfans d'un même père, faites voir aux Européens le génie du commerce souriant aux progrès de la liberté! Que vos nouveaux efforts réalisent cet espoir prétendu trompeur, de voir les vieilles nations de l'Europe rivaliser avec nous en vertu, en bonté, en affection! C'est aux purs accens de la piété et de la bienfaisance qu'il appartient d'assurer le triomphe de l'humanité! Poursuivez, généreux citoyens, les hautes fonctions que vous avez si dignement remplies, et votre gloire, inséparable de vos immortels écrits, sera d'avoir préparé le bonheur et assuré la prospérité des Antilles!

CHAPITRE VII.

Correspondance des généraux Leclerc (beau-frère de
Bonaparte), H. Christophe, Hardy, Vilton, Rouanez
jeune, etc.

INTRODUCTION.

On ne saurait attacher aucune idée
d'altération ni de falsification aux lettres
et réponses contenues dans cette correspondance, car les originaux soigneusement conservés pour recours, dans le
portefeuille particulier de Christophe,
sont prêts à justifier de la vérité.

Celles du capitaine général, sont écrites et signées de sa propre main. On y
reconnaîtra sans peine le style du général
français; on admirera l'adresse avec laquelle il élude les questions, tente la
franchise et sonde les intentions du gé-

néral H. Christophe, qu'il n'a pu vaincre,
et qu'il s'efforce de tromper; on y décou-
vrira le ton moitié rampant, moitié hau-
tain qu'emploie le caméléon auprès d'un
général dont-il redoutait l'expérience, et
qu'il savait n'être pas susceptible de se
confier en des paroles en l'air; car plus
d'une fois le chef haïtien, lui poussant la
botte droit au cœur, lui avait positive-
ment déclaré qu'avant que de mettre bas
les armes, il lui fallait la douce certitude
que cette liberté, pour laquelle il avait
tant combattu, serait conservée intacte.

Pour la plus grande intelligence de ces
pièces, qui serviront à comparer et à
juger la conduite respective des deux partis, il convient d'ajouter que le général
H. Christophe, après la guerre vulgaire-
ment dite de trois mois, parce qu'elle
n'avait duré que ce laps de temps, ayant
fait sa paix avec le capitaine général,
jouissait auprès de lui d'une haute considération, et vivait dans la plus grande

intimité avec les généraux Dugua, Hardy, Boudet, Humbert, etc., dont-il recevait sans cesse les preuves les moins équivoques de confiance, d'estime et d'affection. Ce n'est qu'après avoir réitéré au conseil privé, dans lequel il siégeait en qualité de membre, ses douloureuses remontrances au capitaine général, sur les cruautés de toute espèce que commettaient déjà les Boyer, les R........., etc., que le chef haïtien, indigné de servir de jouet à ce gouvernement, s'apercevant avec horreur qu'on le destinait à être l'artisan des fers de ses semblables, et pressentant le sort qui était réservé à ceux qui, comme lui, s'étaient avantageusement produits sur la scène de ce pays, se détermina à lever l'étendard de la révolte, si on peut nommer ainsi la plus juste de toutes les guerres, et la résistance légitime à la plus cruelle des oppressions.

Le capitaine général, à peine avisé de la levée de boucliers du chef haïtien, pré-

voyant que cet incident allait amener le
dénoûment du drame tragique que les
Français représentaient en cette île, dé-
puta vers ce dernier, à son quartier général de Saint-Michel, distant du Cap
d'environ une lieue, le chef de brigade de
gendarmerie Boyer, chargé de lui faire
les plus belles propositions, comme de
lui dire que le capitaine général n'igno-
rait pas que le général H. Christophe avait
perdu sa fortune par le fait de la guerre,
que la sienne propre était à sa disposi-
tion, et que, s'il le voulait, des millions,
une brillante fortune militaire..... A ces
mots, le chef haïtien, interrompant l'envoyé, lui répondit « qu'il était assez riche
de sa liberté et de celle de ses concitoyens ; que rien ne pourrait ébranler
une résolution que ce procédé venait de
raffermir; que, puisque les Français vou-
laient le retour de l'esclavage, il allait les
combattre, et punir un jeune audacieux
sans expérience et sans foi; qu'il osait

prédire que le caractère qu'il allait déployer serait au-dessus des obstacles, et que, s'il ne respectait le droit des gens, il aurait déjà appris au chef de brigade, Boyer, ce qu'on risque en venant offrir à un homme d'honneur les ressources de l'infamie. » Le chef de brigade, tout tremblant, était près de s'évanouir; on le fit asseoir sur un banc. Le général Christophe le rassura, lui fit servir à déjeuner, puis il fut renvoyé vers les siens.

Dès lors les Français, qui, pour se servir d'une de leurs expressions, étaient venus à Saint-Domingue pour en faire un bois neuf, poursuivis, relancés de toutes parts, se renfermèrent dans le Cap, où ils furent bientôt contraints d'embarquer leurs tristes débris, après avoir imploré et obtenu la commisération de ceux que, un instant auparavant, ils avaient inhumainement massacrés.

CORRESPONDANCE.

Liberté.   *Égalité.*

ARMÉE DE SAINT-DOMINGUE.

Au quartier général, à bord de *l'Océan*,
le 13 pluviôse, l'an 10 de la république.

Le général en chef de l'armée de Saint-Domingue, capitaine général de la colonie, au général de brigade Christophe, commandant au Cap.

J'APPRENDS avec indignation, citoyen général, que vous refusez de recevoir l'escadre française et l'armée française que je commande, sous le prétexte que vous n'avez pas d'ordres du gouverneur général.

La France a fait la paix avec l'Angleterre, et le gouvernement envoie à Saint-Domingue des forces capables de soumettre des rebelles, si toutefois on devait en trouver à Saint-Domingue. Quant à vous, général, je vous avoue qu'il m'en coûterait de vous compter parmi les rebelles.

Je vous préviens que, si aujourd'hui vous ne m'avez pas fait remettre les forts Picolet et Belair, et toutes les batteries de la côte, demain à la pointe du jour, quinze mille hommes seront débarqués.

Quatre mille hommes débarquent en ce moment au Port-Liberté, huit mille débarquent au Port-Républicain.

Vous trouverez ci-jointe une proclamation; elle exprime les intentions du gouvernement français; mais rappelez-vous que, quelque estime particulière que votre conduite dans la colonie m'ait inspirée, je vous rends responsable de tout ce qui arrivera.

Je vous salue.

Signé LECLERC.

Au quartier général du Cap, le 13 pluviose an 10.

Henry Christophe, général de brigade, commandant l'arrondissement du Cap, au général en chef Leclerc.

VOTRE aide-de-camp, général, m'a remis votre lettre de ce jour. J'ai eu l'honneur de vous faire savoir que je ne pouvais vous livrer les forts et la place confiés à mon commandement, qu'au préalable j'aie reçu les ordres du gouverneur général Toussaint-Louverture, mon chef immédiat, de qui je tiens les pouvoirs dont je suis revêtu. Je veux bien croire que j'ai affaire à des Français, et que vous êtes le chef de l'armée appelée expéditionnaire, mais j'attends les ordres du gouverneur, à qui j'ai dépêché un de mes aides-de-camp, pour lui annoncer votre arrivée et celle de l'armée française; et jusqu'à ce que sa réponse me soit parvenue, je ne puis vous permettre de débarquer. Si vous

avez la force dont vous me menacez, je vous
prêterai toute la résistance qui caractérise un
général; et si le sort des armes vous est favorable, vous n'entrerez dans la ville du Cap
que lorsqu'elle sera réduite en cendres, et
même dans cet endroit, je vous combattrai
encore.

Vous dites que le gouvernement français
a envoyé à Saint-Domingue des forces capables de soumettre des rebelles, si l'on devait
y en trouver : c'est vous qui venez pour en
créer parmi un peuple paisible et soumis à
la France, d'après les intentions hostiles que
vous manifestez, et c'est nous fournir des argumens pour vous combattre, que de nous
parler de rébellion.

Quant aux troupes qui, dites-vous débarquent en ce moment, je ne les considère que
comme des châteaux de cartes que le vent
doit renverser.

Comment pouvez-vous me rendre responsable des événemens? Vous n'êtes point mon
chef, je ne vous connais point, et par conséquent, je n'ai aucun compte à vous rendre,

jusqu'à ce que le gouverneur Toussaint vous ait reconnu.

Pour la perte de votre estime, général, je vous assure que je ne désire pas la mériter au prix que vous y attachez, puisqu'il faudrait agir contre mon devoir pour l'obtenir.

J'ai l'honneur de vous saluer.

Signé H. CHRISTOPHE.

Au quartier général du Cap, le 29 germinal,
l'an 10 de la république française.

Le général en chef au général Christophe.

Vous pouvez ajouter foi, citoyen général, à tout ce que le citoyen Vilton vous a écrit de la part du général Hardy. Je tiendrai les promesses qui vous ont été faites ; mais, si vous avez intention de vous soumettre à la république, songez qu'un grand service, que vous pouvez lui rendre, serait de nous fournir les moyens de nous assurer de la personne du général Toussaint.

Signé LECLERC.

Au quartier général de Robillard, Grand-Boucan, le 2 floréal, l'an 10.

Le général de brigade, Henry Christophe, au général Leclerc.

J'AI reçu la vôtre le 29 du mois expiré. Désirant ajouter foi à ce que m'a écrit le citoyen Vilton, je n'attends que la preuve qui doit me convaincre du maintien de la liberté et de l'égalité en faveur de la population de cette colonie. Les lois qui consacrent ces principes, et que la mère-patrie a sans doute rendues, porteraient dans mon cœur cette conviction, et je vous proteste qu'en obtenant cette preuve désirée, je m'y soumettrai immédiatement.

Vous me proposez, citoyen général, de vous fournir les moyens de vous assurer du général Toussaint-Louverture; ce serait de ma part une perfidie, une trahison, et cette proposition, dégradante pour moi, est à mes

yeux une marque de l'invincible répugnance
que vous éprouvez à me croire susceptible
des moindres sentimens de délicatesse et
d'honneur. Il est mon chef et mon ami. L'amitié, citoyen général, est-elle compatible avec
une aussi monstrueuse lâcheté ?

Les lois dont je viens de vous parler nous
ont été promises par la mère-patrie, par la
proclamation que ses conseils nous ont adressée, en nous faisant l'envoi de la constitution
de l'an VIII. Remplissez, citoyen général,
remplissez cette promesse maternelle, en ou-
vrant à nos yeux le code qui la renferme, et
vous verrez accourir près de cette mère bienfaisante tous ses enfans, et avec eux le général Toussaint-Louverture, qui, alors, éclairé
comme eux, reviendra de l'erreur où il peut
être ; ce ne sera qu'alors que cette erreur aura
ainsi été détruite, qu'il pourra, s'il y persiste
malgré l'évidence, être considéré comme criminel, et encourir justement l'anathème que
vous lancez contre lui, et dont vous me proposez l'exécution.

Considérez, citoyen général, les heureux

effets qui résulteront de la simple exposition
de ces lois aux yeux d'un peuple jadis écrasé
sous le poids des fers, déchiré par le fouet
d'un barbare esclavage, excusable sans doute
d'appréhender les horreurs d'un pareil sort;
d'un peuple enfin qui, après avoir goûté les
douceurs de la liberté et de l'égalité, n'am-
bitionne d'être heureux que par elle, et par
l'assurance de n'avoir plus à redouter les
chaînes qu'il a brisées. L'exhibition de ces
lois à ses yeux arrêtera l'effusion du sang
français versé par des Français, rendra à
la république des enfans qui peuvent la
servir encore, et fera succéder aux horreurs
de la guerre civile la tranquillité, la paix et
la prospérité au sein de cette malheureuse
colonie. Ce but est digne sans doute de la
grandeur de la mère-patrie; et l'atteindre,
citoyen général, ce serait vous couvrir de
gloire et mériter les bénédictions d'un peuple
qui se complairait à oublier les maux que lui
a déjà fait éprouver le retard de leur promul-
gation.

Songez que ce serait perpétuer ces maux

jusqu'à la destruction entière de ce peuple, que de lui refuser la participation de ces lois nécessaires au salut de ces contrées. Au nom de mon pays, au nom de la mère-patrie, je les réclame ces lois salutaires, et Saint-Domingue est sauvé.

J'ai l'honneur de vous saluer.

Signé CHRISTOPHE.

ARMÉE EXPÉDITIONNAIRE.

Au quartier général du Cap, le 4 floréal,
l'an 10 de la république française.

Le général en chef au général Christophe.

JE reçois votre lettre, citoyen général : les
inquiétudes que vous me témoignez sont de
nature à être facilement levées. Vous me de-
mandez le code qui assure la liberté aux Noirs;
ce code n'est pas fait; j'y travaille en ce moment. Le premier consul n'a pas pu, dans sa
sagesse, faire un code pour régir un pays qu'il
ne connaissait pas, et sur lequel il avait des
rapports contradictoires; mais je vous déclare
à la face de la colonie, à la face de l'Être suprême, dont on n'invoque jamais en vain l'as-
sistance, que les bases de ce code sont la
liberté et l'égalité; que tous les Noirs seront
libres, et que les règlemens de culture seront
basés sur celui du général Toussaint, qui

peut-être même sera adouci. Si cette décla-
ration ne vous suffit pas, ce sera pour moi
une preuve convaincante que vous ne voulez
pas vous soumettre à la république. Si elle
vous suffit, rendez-vous demain au bourg du
Haut-du-Cap, j'y serai; et je vous déclare que
si, après une heure d'explication, nous ne
sommes pas parvenus à nous entendre, vous
vous en retournerez rejoindre vos troupes;
je vous en donne ma parole de général en
chef. Ce que je vous ai dit au sujet du général
Toussaint vient de ce que je ne lui suppose
pas des vues aussi loyales qu'à vous; j'aime-
rais à croire que je me suis trompé; je vois
avec plaisir la réponse que vous me faites à
cet égard; elle me confirme dans l'opinion
que j'ai toujours eue de votre loyauté.

Si vous venez et vous entendez avec moi,
la guerre aura duré quelque temps de moins
dans la colonie; si nous ne nous entendons
pas, calculez mes moyens et les vôtres, et
voyez si vous pouvez résister.

Je vous salue.

Signé LECLERC.

Faites-moi connaître de suite vos dispositions, parce que je pense à m'absenter du Cap
pour quelques instans.

LECLERC.

Liberté. *Égalité.*

Au quartier général de Cardinaux, Grande-Rivière,
le 5 floréal, l'an 10.

Le général de brigade Henry Christophe au général Leclerc.

JE reçois à l'instant votre lettre d'hier. Son contenu ranime dans mon cœur l'espoir de voir renaître dans cette colonie, trop long-temps bouleversée, la tranquillité, la paix et la prospérité, sous les auspices de la liberté et de l'égalité. J'accepte l'entrevue que vous me proposez; demain, à onze heures du matin, je me rendrai au Haut-du-Cap, pour y con-férer avec vous. La parole d'un général fran-çais est à mes yeux aussi digne de foi qu'elle est sacrée et inviolable.

Je suis flatté de l'opinion que vous conser-vez enfin de ma loyauté; mais je regrette que vous persistiez à croire que le général Toussaint Louverture n'a point cette estimable qualité. Je crois pouvoir vous dire que vous vous trompez à son égard. Je ne présume pas devoir craindre de me tromper moi-même, en vous assurant que l'affermissement seul de la liberté et de l'égalité pour tous le ramenera dans les bras de la république.

Il m'est inutile de calculer nos moyens respectifs : la nécessité d'être homme, et homme libre, voilà le seul terme de mes calculs, et la certitude de voir ce titre assuré à tous mes concitoyens ne fera bientôt plus de nos forces divisées qu'une seule et même force, qu'une seule et même famille, unie par les liens de la plus sincère fraternité.

J'ai l'honneur de vous saluer.

Signé H. CHRISTOPHE.

Au quartier général du Cap, le 8 floréal, l'an 10.

Le général en chef au général Christophe, commandant le cordon du nord.

J'APPROUVE, citoyen général, les motifs qui vous empêchent de vous rendre aujourd'hui au Cap. Je suis d'autant plus aise que vous terminiez vous-même cette opération, que l'exécution de vos ordres a éprouvé au Limbé quelques difficultés.

Le commandant Lafleur, qui occupe la grande coupe du Limbé, n'a pas voulu céder son poste sans vous avoir vu. Il paraît que la même chose a eu lieu du côté de l'embarcadère du Limbé. Le général Salm avait envoyé des troupes pour occuper ces postes : sur le refus qu'on a fait de les leur remettre, les troupes se sont retirées. Quelques dragons du pays, à cheval, et quelques cultivateurs armés sont venus dans son camp pour demander des vivres; le général Salm les a fait désarmer et renvoyer. Je viens d'ordonner de leur faire remettre leurs armes.

Aussitôt que vous aurez terminé du côté de la Grande-Rivière, portez-vous au carrefour du Limbé, où se trouve le général Salm, qui commande l'arrondissement de Plaisance, et toute la partie qui se trouve au delà de la rivière Salle. Entendez-vous avec lui pour qu'il occupe de suite les postes militaires occupés dans ce moment-ci par vos troupes. Donnez vos ordres pour que les cultivateurs rentrent de suite dans leurs habitations.

Faites réunir le plus de moyens de transport qu'il vous sera possible, afin de faciliter l'approvisionnement des troupes cantonnées dans les montagnes.

Je vous salue.

Signé LECLERC.

Liberté.   *Egalité.*

RÉPUBLIQUE FRANÇAISE.

Au quartier général du Cap, le 30 germinal,
l'an 10 de la république française.

*Le général de division Hardy, commandant
les divisions du Nord, à Saint-Domingue,
au général Christophe, commandant le
cordon du Nord.*

Le capitaine Vilton, commandant à la
Petite-Anse, me communique, citoyen général, la lettre que vous lui avez écrite, et j'en
ai donné de suite connaissance au général
Leclerc.

Par les détails dans lesquels vous entrez
avec le citoyen Vilton, il est aisé de voir,
général, que vous avez été la victime des insinuations perfides d'une infinité d'êtres qui,
pendant le cours de la révolution en France,

ont embrassé simultanément tous les partis,
ont partout suscité les troubles et les divisions, et qui, après s'en être fait expulser,
se sont réfugiés dans cette colonie, où ils ont
dénaturé tous les faits, toutes les circonstances, débité les mensonges et les calomnies
les plus atroces, et cherché dans de nouveaux
troubles une existence qu'ils ne pouvaient plus
trouver en Europe.

Ces hommes astucieux vous ont inspiré de
la méfiance contre le gouvernement français
et ses délégués. La conduite du gouvernement
et sa loyauté sont connues du monde entier;
la nôtre, depuis notre entrée à Saint-Domingue, nos procédés vis-à-vis des habitans
paisibles, et à l'égard des généraux Clervaux,
Paul Louverture, Maurepas, La Plume, et
leurs compagnons d'armes, doivent vous donner la juste valeur de tout ce que la malveil-
lance et l'intrigue ont inventé pour altérer
la pureté de nos intentions.

Il y a douze ans, général, que nous nous
battons pour la liberté : pourriez-vous croire
qu'après avoir fait de si grands sacrifices,

nous soyons assez vils à nos propres yeux pour entreprendre une tâche qui ternirait notre gloire en détruisant notre ouvrage? Revenez, général, à des sentimens plus justes, et persuadez-vous bien que vos principes sont les nôtres.

La réputation dont vous jouissez dans ces contrées ne devait pas faire présumer que les Français, vos frères, trouveraient en vous de la résistance aux volontés du gouvernement. L'oubli du passé ne vous est point entièrement ôté. Je vous parle avec la franchise d'un militaire qui ne connaît pas les détours. Revenez de vos erreurs; votre retour aux vrais principes peut accélérer la réparation des maux qui ont affligé ces beaux quartiers; il n'est pas digne de vous de servir de marche-pied à un usurpateur, à un rebelle. La mère-patrie tend les bras à tous ses enfans égarés, et leur permet de se réfugier dans son sein.

Si vous avez véritablement l'intention de reconnaître les lois de la république, et de vous soumettre aux ordres de son gouvernement, vous ne balancerez pas, général, à venir avec vos troupes vous joindre à nous. Jusqu'aujourd'hui, nous vous avons combattu comme ennemi; demain, si vous voulez, nous nous embrasserons comme frères.

Faites-moi vos propositions, ou dites-moi à quelle heure vous voulez vous rendre à l'habitation Vaudreuil, pour me les faire verbalement. Je m'y trouverai. Si nous ne tombons pas d'accord, je vous donne ma parole d'honneur qu'après la conférence, vous serez libre de retourner à votre quartier général.

J'ai l'honneur de vous saluer.

Signé HARDY.

Au quartier général de Robillard, Grand-Boucan,
le 2 floréal au 10.

*Le général de brigade Henry Christophe
au général de division Hardy.*

VOTRE lettre du 3o germinal m'est parvenue. C'est à tort que vous me croyez victime des menées de quelques intrigans perfides. La nature, sans m'avoir doué de toute
la subtilité d'un esprit pénétrant et clair-
voyant, m'a accordé le sens nécessaire pour
me garantir des insinuations des méchans.
Ami de la paix et de la tranquillité, j'ai toujours repoussé loin de moi ces hommes ar-
dens et turbulens dont le souffle empoisonné
enfante le trouble et la discorde. Mais je n'ai
pu me garantir des soupçons que tant d'é-
crits ont portés dans mon âme, et que tant
d'autres écrits ont confirmés. Les uns sortaient
des pays étrangers, les autres venaient du
sein même de la France, et nous annonçaient
d'un ton menaçant les malheurs qui nous

affligent aujourd'hui. Faut-il que les désirs des méchans, que les prédictions des mal-intentionnés paraissent aujourd'hui d'accord avec les révolutions de la métropole?

Lorsque nous étions ainsi menacés du re-tour de l'esclavage, après en avoir brisé les fers, quoi de plus naturel que l'appréhension de ce retour, que le soupçon, l'inquiétude, et même la méfiance, dans un peuple si sou-vent abusé, et toujours en butte aux démons-trations de la haine des ennemis de sa liberté, jaloux de l'égalité admise en sa faveur ? Pou-vions-nous nous en défendre, quand tout concourait à légitimer nos justes craintes?

Il y a douze ans aussi, général, que nous nous battons pour la liberté, pour ces mêmes droits que, comme vous, nous avons con-quis au prix de notre sang; et j'ai toujours répugné à croire que les Français, après avoir fait de si grands sacrifices pour les obtenir, viendraient un jour les ôter à un peuple glo-rieux de faire partie de la grande nation, et de jouir, comme elle, des avantages qu'elle a tirés de la révolution.

Cette révolution, les bienfaits qui en dérivent sont dignes de la gloire et de la république; et quand vous m'assurez qu'elle ne veut point détruire son ouvrage, pourquoi refuser à cette portion de sa famille ce qui doit consolider et immortaliser en sa faveur cet édifice sublime?

Le code des lois promises aux habitans des colonies sur la proclamation des consuls, qui accompagna l'envoi qu'ils nous firent de la constitution de l'an viii, peut seul porter à nos yeux le signe de la consolidation de nos droits. Voilà, citoyen général, la seule arme capable de vaincre les appréhensions d'un peuple justement soupçonneux! voilà la preuve évidente qui peut me ramener aux sentimens auxquels vous me rappelez, et me convaincre que nos principes mutuels sont les mêmes!

La franchise avec laquelle vous me parlez est digne, à tous égards, d'un militaire tel que vous; j'en use également ici sans réserve; et si le général Leclerc, au lieu de me faire la proposition d'une perfidie, d'une lâcheté

qui me dégraderait à ses propres yeux,
m'eût parlé, comme vous, un langage compatible avec les sentimens d'honneur et de
délicatesse qu'il lui était facile de me supposer, au moins j'aurais consenti à l'entrevue que vous provoquez, non-seulement sur
l'habitation Vaudreuil, mais même à la petite
Anse ou au Cap. Quoi qu'il en soit, j'augure
trop favorablement de votre franchise et de
votre parole d'honneur pour ne pas consentir à cette entrevue, non au lieu que vous
indiquez, mais dans un endroit qui soit au
centre de nos lignes respectives.

Je vous propose donc pour cet effet l'habitation Montalibon; si cela vous satisfait,
marquez-moi le jour et l'heure où vous vous
y trouverez; je vous promets de m'y rendre;
mais, général, munissez-vous du code des
lois qui doivent régir ce pays, qui assurent
la liberté et l'égalité au peuple qui l'arrose
de ses sueurs et le fait fructifier; notre entrevue sera couronnée du plus heureux succès,
et je me réjouirai de vous devoir la lumière
qui seule peut dissiper notre erreur.

Alors, n'en doutez pas, général, le général Toussaint Louverture lui-même, que le général Leclerc ne considère que comme un criminel, n'hésitera pas à se jeter, avec tout le peuple, dans les bras de la république, et, réuni sous les auspices de ces lois bienfaisantes, ce peuple reconnaissant lui offrira encore, pour preuve de son dévouement, les efforts qu'il lui a déjà consacrés pour faire fructifier cette portion de l'empire français.

J'ai l'honneur de vous saluer.

Signé H. CHRISTOPHE.

Petite-Anse, le 26 germinal an 10.

Vilton, commandant à la Petite-Anse [1], *au citoyen Henry Christophe, général de brigade, en son quartier général.*

Mon cher compère, je cède aux sentimens que m'inspire mon ancienne amitié pour vous. J'ai vu avec un mortel regret ces refus que vous avez faits de vous soumettre aux volontés du général français que le premier consul a envoyé à Saint-Domingue, pour achever de maintenir et consolider l'ordre que vous aviez si bien établi dans la ville du Cap, la dépendance du Nord, où vous vous étiez fait

---

[1] Les deux lettres ci-après, qui se trouvent sous le nom du sieur Vilton, ont été fabriquées par un sieur Anquetil, qui les a écrites de sa propre main chez le sieur Blin de Villeneuve, un des grands planteurs de la partie du Nord, grand-père du sieur Vilton, qui n'a eu que la peine de les revêtir de sa signature, forcé qu'il a été par le gouvernement français.

aimer de tous les colons. Vous m'aviez dit plusieurs fois, mon cher compère, que votre plus grand plaisir était de voir arriver les Français, pour déposer entre leurs mains l'autorité dont vous étiez revêtu; par quelle fatalité faut-il que vous ayez si subitement changé vos bonnes intentions! Vous avez par là renoncé à votre bonheur, à la conservation de votre fortune, au magnifique sort que vous pouviez faire à votre aimable famille; vous l'avez plongée, ainsi que vous, dans la misère la plus affreuse. Vos intentions m'ont toujours paru si pures, et votre dévouement à la nation française ne me laissait aucun doute sur la conduite que vous deviez tenir, lorsque tout d'un coup, à l'apparition de l'escadre française, vous n'avez plus été le même homme. Tout le monde, et surtout vos amis, croyaient aussi que vous aviez été mal conseillé, et peut-être dominé par quelques chefs noirs qui vous entouraient; on a dit tant de bien de vous à M^r. Leclerc, général en chef, et il est si persuadé que ce sont de mauvais conseils qui vous ont fait prendre le parti de lui résister, qu'il est tout prêt à vous pardonner, si vous voulez ramener sous son obéissance la troupe que vous commandez, et le poste que vous occupez. C'est une belle porte qui vous est ouverte, mon cher compère, ainsi qu'aux braves officiers et soldats qui sont sous vos ordres; ils seront tous traités de la même manière que l'armée française, et l'on vous assurera, ainsi qu'à votre famille tout le bonheur que vous pouvez désirer, surtout si vous avez le courage de demander à sortir de la colonie, et c'est ce que vous pourriez faire de mieux, pour n'être point exposé aux haines des rebelles aux ordres de la France, qui ne voudront pas faire comme vous. On vous assurera une belle fortune, et vous en jouirez paisiblement, sous la protection de la France, dans le pays que vous voudrez choisir.

Voilà, mon cher compère, ce que ma tendre amitié pour vous et votre famille m'engage à vous écrire. Je jouirai de votre bonheur, si je puis contribuer à le faire. Il ne dépend que de vous de me donner cette satisfaction, en suivant les avis de votre ancien ami. Répondez-moi, et faites-moi savoir vos intentions, pour les faire réussir de la manière qui vous paraîtra la plus convenable.

Tout le monde est ici, et dans toutes les parties de la colonie, témoin de la franchise, de la loyauté des généraux français, et je ne crains pas de vous répéter et de vous assurer que vous pouvez avoir toute confiance en eux; ils vous ouvriront toutes les portes, vous aideront de tous leurs moyens, et vous mettront dans le cas d'emporter avec vous tout ce que vous possédez, pour en jouir paisiblement partout où vous voudrez aller. Ainsi, mon cher compère, croyez-moi, quittez cette vie errante et vagabonde, qui vous déshonorerait, si vous la meniez plus long-temps, et regagnez l'estime des bons citoyens par un retour sur vous-même, en abandonnant la cause d'un ambitieux qui finirait par vous perdre. Ne faites pas attention à votre mise hors la loi; le général en chef Leclerc a dit qu'elle n'aurait pas eu lieu, s'il vous avait connu plus tôt, et que cette proclamation serait annulée aussitôt qu'il apprendrait que vous reconnaissez votre erreur et que vous abandonnez la cause des rebelles.

Salut et amitié.

Signé Vilton.

Au quartier général du Bourg de Doudon,
le 20 germinal an 10.

Le général de brigade Henry Christophe au commandant Vilton.

J'AIME à croire encore aux sentimens de votre ancienne amitié pour moi, auxquels vous avez bien voulu céder en m'écrivant votre lettre du 26 de ce mois. Ceux que je vous ai voués sont également ceux de l'amitié, et vous me connaissez assez pour n'en point douter.

Me serais-je jamais refusé à me soumettre aux ordres du général français envoyé dans cette île par le premier consul de la république, si tout ne m'eût convaincu que la consolidation que l'on méditait du bon ordre qui régnait dans cette colonie, ne devait avoir lieu qu'au détriment de notre liberté et des droits émanés de l'égalité. Je vous l'avais dit, il est vrai, ainsi que vous me le rappelez, que mon plus grand désir serait de voir arriver les Français, et de déposer entre leurs mains la portion d'autorité dont j'étais revêtu, pour jouir, comme un simple citoyen, des bienfaits de la liberté et de l'égalité au sein de ma famille, au milieu de mes concitoyens, pourvu qu'ils jouissent, comme moi, de ces droits sacrés. Français, aimant et respectant la France, je portais avec joie cet espoir dans mon cœur, espoir que ma confiance dans le gouvernement de la métropole entretenait et confirmait de plus en plus. Je n'ai jamais changé d'intention à cet égard; mais par quelle fatalité faut-il que cet espoir ait été trompé; que tout ait concouru à prouver que les principes précédemment adoptés en notre faveur étaient changés! Saint-Domingue, français tout entier, jouissait, vous le savez, de la plus grande tranquillité; il n'y existait point de rebelles; et par quelle fatalité encore faut-il que l'on soit venu avec l'attirail de la guerre et l'appareil de la destruction, non y réduire des rebelles, puisqu'il n'y en avait point, mais en créer parmi un peuple paisible, pour avoir le prétexte de le détruire ou de l'enchaîner !

J'ai renoncé, dites-vous, au bonheur ! Eh ! quel bonheur, quelle fortune, quel sort magnifique pour moi et pour ma famille eussent pu jamais me consoler de la douleur de voir mes semblables réduits au dernier degré de l'infortune sous le poids de l'esclavage ! Mes intentions sont toujours pures, et vous étiez, plus que personne, à même de connaître mon dévouement à la nation française. Mes intentions, mes sentimens n'ont point varié ; je suis toujours le même homme. Sentinelle placée par mes concitoyens au poste où je dois veiller à la sûreté de leur liberté, plus chère pour eux que leur existence, j'ai dû les réveiller à l'approche du du coup qui allait l'anéantir.

Combien de lettres, arrivant en foule de la France et des pays étrangers, écrites du ton de la menace, par des colons à d'autres colons, qui en prônaient le contenu avec les démonstrations les plus ardentes et les plus séditieuses, ne m'ont-elles pas annoncé dans les termes les plus explicites le sort réservé au peuple de cette colonie et à ses défenseurs! Vous l'avez su, je vous en ai communiqué plusieurs : n'ai-je pas eu la prudence de n'en point faire part au gouvernement, dans la crainte de l'aigrir? et ma confiance dans le gouvernement de la république ne m'a-t-elle pas porté, jusqu'au dernier instant, à ne considérer ces lettres que comme l'expression de la haine de quelques méchans qui, dans leur dépit, cherchaient à bouleverser de nouveau ce pays? et pourtant les événemens, contre ma propre attente, n'ont-ils pas justifié ce qu'elles annonçaient?

Tout le monde, surtout nos amis, se trompent, s'ils croient que je me laisse dominer par quelques chefs qui m'entourent. A l'âge où je suis parvenu, je n'ai pas besoin de conseils, et ce n'est que de mon devoir que j'en prends dans toutes les occasions. Vous devez me connaître, et savoir que je n'écoutais pas même les avis de mes amis, vous que je distinguais parmi eux. Ah! des amis! je croyais en compter beaucoup; mais aujourd'hui, imitant Diogène, la lanterne à la main, en plein midi, j'en chercherais vainement un véritable.

Il m'est sans doute bien flatteur que l'on ait dit tant de bien de moi à MONSIEUR Leclerc, général en chef; mais c'est à tort qu'il se persuade que ma conduite présente est le résultat de mauvais conseils. Ce que je viens de vous dire à cet égard répond pleinement à cette opinion; mon intention n'a jamais été de lui résister; je la lui ai écrite lorsqu'il parut devant le Cap; je lui ai témoigné combien j'éprouverais de regrets, si j'étais contraint d'opposer une résistance qui me répugnerait, avant que j'eusse eu les ordres du chef qui m'avait mis à ce poste, et qui m'avait donné une consigne qui ne devait être levée que par lui. Je lui ai envoyé le citoyen Granier, commandant d'une section de la garde nationale, porteur de ma lettre, et chargé de lui exprimer de vive voix la nécessité où j'étais d'avoir les ordres que j'attendais du gouvernement, et ma résolution, lorsqu'il serait avisé de l'arrivée de l'escadre, de lui remontrer l'obligation de l'accueillir avec tout le respect dû à la métropole, dans le cas même où le gouvernement eût été certain qu'elle aurait cherché à lui résister.

Sans égard pour cette observation raisonnable, le général Leclerc renvoie le citoyen Granier sans autre réponse que celle-ci : « Qu'il avait des ordres pour agir de force, et qu'il les exécutera. »

Un court délai eût épargné bien des maux; en homme d'honneur, j'étais décidé à observer religieusement ce que j'avais chargé le citoyen Granier de témoigner de ma part au général Leclerc; mais ce général ne daigna point y ajouter foi, et, malgré les protestations qu'il recevait de mon dévouement à la France, le capitaine de port, que j'avais envoyé au devant de l'escadre, demeure consigné à bord; son aide-de-camp me prévient que, si j'y envoie mon adjudant général, il y sera pareillement consigné. En même temps le général Rochambeau effectue une descente près le Pórt-Liberté, sans en prévenir le commandant de cette place; il marche vers les forts qui la défendent, s'en empare, passe au fil de l'épée les braves qui s'y trouvent, tandis que les vaisseaux qui pénètrent dans le port déchargent leurs batteries sur cette ville. D'un autre côté, un nouveau débarquement se fait au Limbé, qui est également canonné, et le Cap se trouve alors entre deux armées nombreuses, ayant en face une escadre menaçante.

Les termes de la lettre que m'avait adressée le général Leclerc, me démontraient assez le but qu'il se proposait : je pris alors conseil de la circonstance, des événemens que ce général suscitait autour de moi; je pris conseil, dis-je, de sa propre conduite, et de là tous les maux qui nous affligent.

Après une telle manière d'agir, que ne devais-je pas soupçonner! que n'étais-je point fondé à présumer de défavorable dans les desseins qu'on venait exécuter contre moi! Oui, je l'avoue, quelque grande que fût de tout temps ma confiance dans le gouvernement français, je la sentis fortement ébranlée par les menaces fulminantes, par·les coups qui nous étaient adressés, et la conduite des chefs de l'armée française détermina la mienne.

Vous me parlez de fortune, je n'en ai plus; j'ai tout perdu. L'honneur est désormais la seule fortune qui me reste, ainsi qu'à ma fille; vous me connaissez, et vous savez s'il n'est pas la base de toute mon ambition.

Vous me conseillez d'avoir le courage de demander à sortir de la colonie. Vous n'ignorez pas que le courage ne me manque point, et, dans ce cas, il ne pourrait m'abandonner. J'avais résolu dès long-temps d'en sortir à la paix, et le citoyen Granier était de moitié dans cette résolution. S'il existe, il peut le dire, et mon attachement à la France m'avait fait choisir son sein pour l'asile où nous devions, avec nos familles réunies, aller couler des jours paisibles, dans la douce persuasion de quitter tous mes frères libres et heureux sur le sol de cette colonie. Faut-il que tout ait concouru à frustrer cette espérance! J'attends chaque jour le coup qui doit m'anéantir, et le citoyen Granier, que j'ai appris être détenu à bord, a peut-être déjà cessé d'exister. Quel est donc son crime? quel mal a-t-il fait? serait-ce d'avoir été mon ami?...

Vous prenez sur vous, mon cher compère, de me faire espérer des preuves de loyauté et de franchise de la part des généraux français : qu'il m'en coûte de ne pouvoir détruire la juste méfiance que m'ont inspirée tous les faits que je viens de relater, faits qu'aucun prétexte raisonnable et prudent ne peut couvrir à mes yeux! Quoi qu'il en soit, l'honneur est mon guide, et je répugne à ne pas le croire également la règle de leurs actions et de leurs promesses. Il m'a toujours paru si cher aux officiers français!

Je suis toujours jaloux de l'estime des bons citoyens. S'il peut exister à Saint-Domingue quelques ambitieux qui n'aspirent qu'aux honneurs, aux grades, aux distinctions, pour moi, mon ambition consista toujours à mériter une honorable considération de la part des gens de bien, à voir mes concitoyens heureux, à jouir comme eux du seul titre d'homme libre, des seuls droits de l'égalité, dans le sein de ma paisible famille, et dans le cercle de quelques amis estimables.

Vous me donnez le conseil, mon cher compère, de ne point faire attention à ma mise hors la loi; le général Leclerc, m'annoncez-vous, a dit qu'elle n'aurait pas eu lieu, s'il m'eût connu plus tôt, et que cette proclamation serait annulée aussitôt que je reviendrais de mon erreur. Je suis prêt à en revenir; mais il faut m'éclairer, éclaircir mes doutes, et m'en tirer. Il n'est point de sacrifices que je ne fasse pour la paix, et pour le bonheur de mes concitoyens, si j'obtiens la conviction qu'ils seront tous libres et heureux. Il ne me reste plus d'autres sacrifices à faire que celui de ma vie, j'ai déjà fait tous les autres; que les preuves nécessaires à ma conviction me soient offertes, et je l'offre de bon cœur ce sacrifice, si, en me démontrant que je suis dans l'erreur, il peut l'expier et

rendre la tranquillité et la félicité à mon pays,
à mes concitoyens.

Je vous salue d'amitié.

Signé H. Christophe.

Petite-Anse, le 30 germinal an 10.

Vilton, commandant de la Petite-Anse, au citoyen Henry Christophe, général de brigade, commandant le cordon du Nord.

Mon cher compère, je vous exprimerai difficilement le plaisir que m'a fait votre réponse à ma lettre, puisqu'elle me donne l'espoir de vous voir rendu à la confiance que vous n'auriez dû jamais cesser d'avoir dans la justice et dans la générosité du représentant de la France dans cette colonie ; c'est en général le caractère distinctif des officiers français, et surtout du général en chef Leclerc, et c'est ce caractère bien connu du premier consul qui l'a fait choisir pour apporter le bonheur et la paix dans cette malheureuse colonie. Votre soumission à ce digne chef vous acquerra un protecteur, qui prendra lui-même le soin de vous faire un sort que vous bénirez, le jour où vous vous serez rendu au conseil que je vous ai donné, et que je réitère ici plus fortement que jamais. Je n'ai rien eu de plus pressé que de lui communiquer votre lettre, ainsi qu'au général Hardy. Les expressions dont vous vous servez leur ont plu. La défiance que vous témoignez dans quelques paragraphes a pu seule les empêcher d'en être complétement satisfaits; le général en chef va lui-même vous écrire; je ne saurais trop vous recommander d'avoir une entière confiance dans ses promesses, de même que dans celles du général Hardy, et je ne doute pas que vous ne trouviez dans leurs lettres tout ce qui peut vous satisfaire ainsi que tous vos concitoyens.

A l'égard de Granier, votre ami, il est détenu : ce n'est pas à cause de ses relations; c'est parce qu'il a ici beaucoup d'ennemis qui l'ont sans doute calomnié. Je ne doute pas qu'aussitôt que le gouvernement pourra prendre des éclaircissemens sur son affaire, il ne soit sur le champ rèlaxé.

Adieu, mon cher compère, comptez sur l'amitié que je vous ai vouée pour la vie. Salut et amitié.

Signé VILTON.

Au quartier général de Robillard, Grand-Boucau,
le 2 floréal, l'an 10.

Le général de brigade Henry Christophe,
commandant le cordon du Nord, au com-
mandant Vilton, à la Petite-Anse.

Je retrouve encore avec plaisir dans votre
lettre du 30 expiré, l'expression de votre
amitié pour moi. Le succès que vous espérez
de votre correspondance ne dépend que du
général Leclerc. Il a bien voulu m'écrire une
lettre ; mais j'y ai lu avec répugnance la proposition qu'il me fait de me déshonorer par
une perfidie, par une monstrueuse lâcheté.
Je pense pourtant que dans le compte qui
lui a été rendu de moi, s'il a été dicté par la
vérité, on ne lui aura pas dit que de telles
actions me sont familières, et que j'ai dé-
pouillé tout sentiment de délicatesse et d'honneur.

Je réponds à sa lettre, ainsi qu'à celle que
m'a adressée le général Hardy, dont le langage

paraît être celui de la franchise qui doit carac-
tériser un militaire.

J'ai le désir, mon chér compère, d'abjurer
la confiance que j'ai conçue. Je demande à
ces deux généraux tout ce qui peut la détruire. Ce sont les lois dont le code nous a été
promis par la proclamation que nous ont
adressée les consuls de la république, en
nous envoyant la constitution de l'an VIII.
C'est dans ces lois que gît la preuve du maintien, de la consolidation, de la liberté et de
l'égalité. Si ces lois sont en votre possession,
faites-m'en part; si elles existent et que vous
ne les ayez pas, tâchez d'obtenir qu'elles me
soient communiquées. C'est elles qui doivent
rendre au pays la tranquillité, cimenter
l'union des Français des Deux-Mondes, arrêter l'effusion de leur sang, rendre à la république des enfans qui ne voulurent jamais la
méconnaître, et ramener dans ces contrées,
à la place de la guerre civile et de ses ravages,
la paix et ses douceurs. Obtenez que ces lois
soient mises au jour; qu'elles éclairent tous
ceux qui peuvent être dans l'erreur, et vous

aurez alors à vous réjouir d'avoir contribué au bonheur de notre pays, à celui de nos concitoyens, au mien même, car, quelque sort qui m'attende, je trouverai ma félicité dans celle de mes frères, dût-elle être scellée de mon propre sang.

Le malheureux Granier est détenu, et, sans doute, dites-vous, à cause de quelques calomnies lancées contre lui par ses ennemis. Une telle détention doit-elle avoir lieu sans des preuves? et un gouvernement juste et impartial remet-il à de si longs délais l'admission des preuves nécessaires à une condamnation méritée ou à une absolution équitable? Mais m'appartient-il, dans le cas où je suis, de plaider la cause de l'amitié? N'oubliez pas, mon cher compère, les lois dont je viens de vous parler; ne différez pas de me les communiquer, et vous atteindrez bientôt le but que vous paraissez vous être proposé dans vos lettres.

Je vous salue d'amitié.

Signé H. CHRISTOPHE.

Certifié conforme aux originaux déposés dans les archives de l'état, par ordre du président.

Le lieutenant général, secrétaire d'état,

Signé ROUANEZ jeune.

Je certifie ces DOCUMENS AUTHENTIQUES, je les tiens d'un des plus honorables membres de la chambre des députés des départemens du royaume de France.

BOUVET DE CRESSÉ.

FIN.

TABLE DES CHAPITRES.

FIN DE LA TABLE.

www.ingramcontent.com/pod-product-compliance
Lightning Source LLC
Chambersburg PA
CBHW072043090426
42733CB00032B/2151